Dieter Buck

Kleine Städte
Großer Charme

Malerische Stadtperlen
in Baden-Württemberg

J. BERG

Inhalt

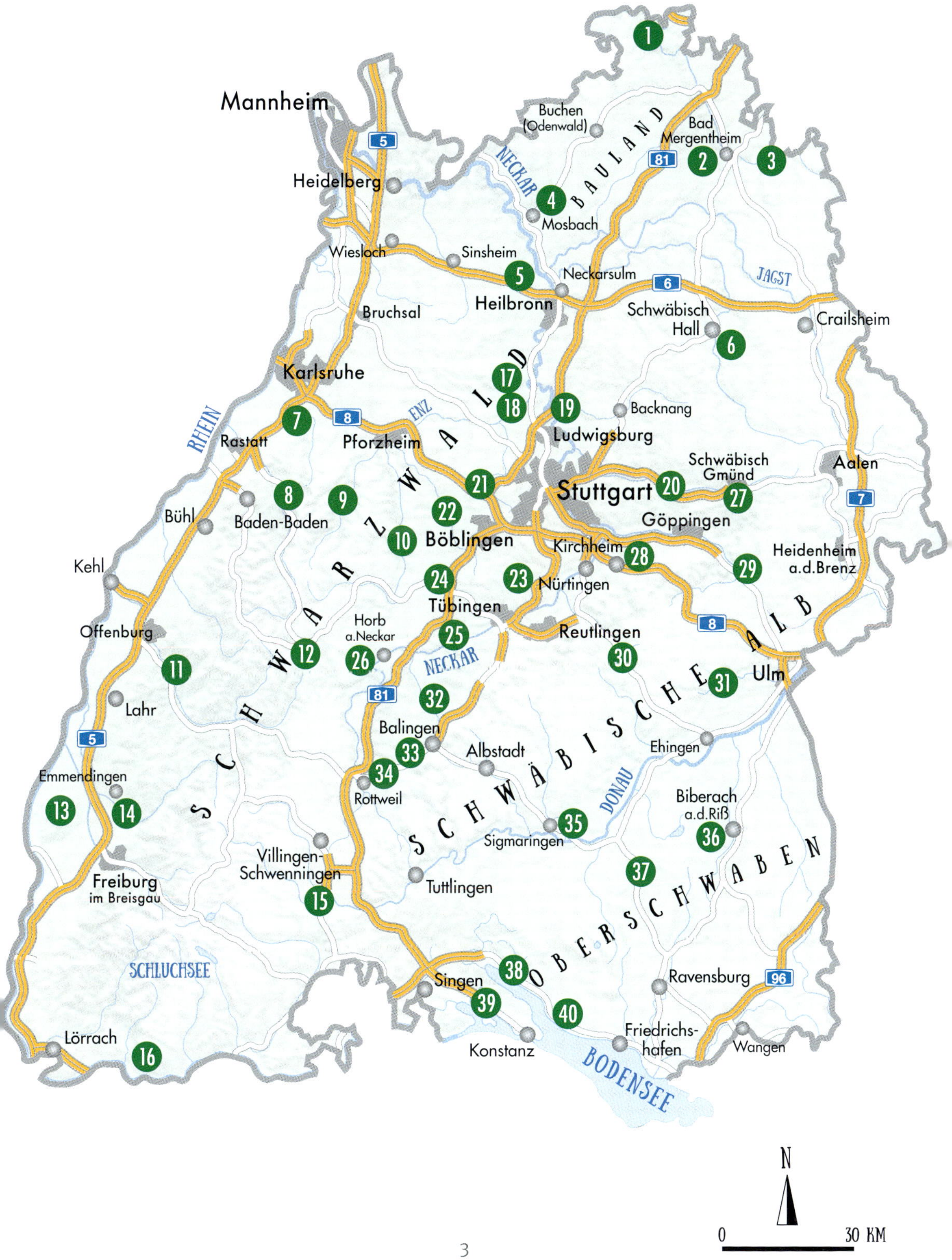
Mannheim
Heidelberg
Wiesloch
Sinsheim
Buchen (Odenwald)
Bad Mergentheim
Mosbach
Neckarsulm
Heilbronn
Bruchsal
Schwäbisch Hall
Crailsheim
Karlsruhe
Rastatt
Pforzheim
Backnang
Ludwigsburg
Schwäbisch Gmünd
Aalen
Stuttgart
Göppingen
Bühl
Baden-Baden
Böblingen
Kirchheim
Heidenheim a.d.Brenz
Kehl
Nürtingen
Tübingen
Offenburg
Horb a.Neckar
Reutlingen
Ulm
Lahr
Balingen
Albstadt
Ehingen
Emmendingen
Rottweil
Biberach a.d.Riß
Sigmaringen
Villingen-Schwenningen
Freiburg im Breisgau
Tuttlingen
Singen
Ravensburg
Lörrach
Konstanz
Friedrichs-hafen
Wangen
NECKAR
ENZ
JAGST
RHEIN
DONAU
SCHLUCHSEE
BODENSEE
BAULAND
SCHWARZWALD
SCHWÄBISCHE ALB
OBERSCHWABEN
5
6
7
8
81
96
N
0
30 KM

fritz-kola
50 %

Altstadtperlen in Baden-Württemberg

Fährt man mit dem Finger über die Landkarte von Baden-Württemberg, bleibt man fast automatisch an zahlreichen Städten hängen, die man zumindest vom Namen her kennt und die eine erlebnisreiche Besichtigung versprechen.

Alle haben eine reiche und lange Geschichte vorzuweisen. Von der ganz frühen Besiedelung, auch von der Römerzeit, ist zwar nicht mehr viel erhalten, das zu besichtigen sich lohnt, aber ab der Romanik über die Gotik und die Renaissance bis hin zu Barock und Rokoko gibt es noch viele sehenswerte Gebäude zu bestaunen – von den späteren Baustilen wie Klassizismus und Historismus gar nicht zu reden. Beeindruckend sind auch die vielen Zeugnisse des Fachwerkbaus, die man fast überall findet. Selbst wenn man, so wie ich, viel im Land unterwegs ist, staunt man doch, wenn man die Ergebnisse des intensiven und geordneten Betrachtens vor sich sieht – so wie hier in diesem Buch.

Die einzelnen Regionen schenken sich dabei nichts oder nicht viel. Dem Schema dieses Buchs folgend, können wir zunächst im Norden im nicht umsonst sogenannten Lieblichen Taubertal in städtebaulichen Genüssen schwelgen. Angefangen in Wertheim, das auch eine der größten Burgen des Landes, wenn nicht ganz Deutschlands, aufzuweisen hat, führt uns die Reise über die Deutschritterstadt Bad Mergentheim, wo die Ordensritter einiges hinterlassen haben, bis nach Weikersheim, das neben einer sehenswerten Altstadt auch mit einem prächtigen Schloss und einem herrlichen Schlossgarten aufwartet. Fachwerkparadiese im nördlichen Teil des Landes sind beispielsweise Mosbach oder die Salzsiederstadt Schwäbisch Hall.

Das Buch widmet sich danach dem Westen des Landes entlang des Rheins unter Einbeziehung des Schwarzwalds. Auch hier findet man ein reiches Spektrum sehenswerter Städte, etwa zwischen der warmen Rheinebene und dem Westrand des Schwarzwalds mit Ettlingen, Gernsbach und Gengenbach, oder weiter im Süden mit Endingen am Kaiserstuhl und Bad Säckingen, das nur durch den Rhein von der Schweiz getrennt ist. Sogar direkt im Schwarzwald, wo die Natur und die Topografie das Entstehen größerer Städte nicht gerade begünstigen, hat es die Bevölkerung geschafft, mit Bad Wildbad, Calw samt dem berühmten Kloster Hirsau und der »Neugründung« Freudenstadt sehenswerte städtische Gemeinwesen zu errichten. Auch auf der eher herben Baar findet man mit Donaueschingen eine sehenswerte Stadt, die sich der Donauquelle rühmt und sogar einmal Residenzstadt war.

Ein angenehmeres Leben boten sicher die fruchtbaren und klimatisch ausgeglicheneren Landstriche in der Mitte des heutigen Baden-Württembergs. Fachwerkparadiese wie Besigheim, Bönnigheim, Schillers Geburtsstadt Marbach am Neckar oder Daimlers Geburtsstadt Schorndorf sowie weiter südlich Herrenberg, Rottenburg und Horb zeugen davon, dass es sich um den Neckar relativ gut siedeln ließ.

← Der reich geschmückte Marktbrunnen in Bad Urach gehört zu den schönsten im Land.

Schwerer hatten es die Menschen auf der eher kühlen Schwäbischen Alb, wobei nicht ohne Grund die in diesem Buch beschriebenen Städte eher im klimatisch begünstigteren Albvorland als auf der Albhochfläche entstanden – in jeder von ihnen haben sich viele prächtige Fachwerkhäuser erhalten. Dazu zählen Kirchheim unter Teck, Geislingen an der Steige, Bad Urach und Schwäbisch Gmünd. Rottweil, die älteste Stadt im Land, liegt zwischen Alb und Schwarzwald, ist hier aber der Schwäbischen Alb zugeordnet. Haigerloch und Sigmaringen waren gar Residenzstädte, und zwar beide von Zweigen des Hohenzollerngeschlechts. Nicht verschwiegen werden soll Blaubeuren, die Stadt des berühmten Blautopfs, in deren Umgebung in verschiedenen Höhlen die ältesten Kunstwerke der Menschheit gefunden wurden – ein sehenswertes Museum erzählt davon.

↑ In Rottweil sieht man viele Erker.
→ Fachwerkpracht in Calw

Auch der Osten des Landes besitzt in Oberschwaben zahlreiche prächtige Städte, stellvertretend für sie sind in diesem Buch Bad Saulgau und Biberach an der Riß beschrieben. Beide haben ihre Besonderheiten vorzuweisen, wobei in Biberach das einigermaßen friedliche Zusammenleben von Katholiken und Protestanten in früheren Zeiten gerühmt werden kann – es hat sogar dazu geführt, dass alle wichtigen städtischen Ämter zweifach besetzt wurden, vom Bürgermeister bis zur Hebamme.

Ganz im Süden des Landes, am wunderschönen Bodensee, liegen weitere Perlen der baden-württembergischen Städteherrlichkeit. Beispiele sind Radolfzell, Überlingen und Meersburg. Ihren Reichtum, der den prächtigen Städtebau erst ermöglichte, hat die Gegend außer dem bevorzugten Klima sicher auch dem Handel über den See zu verdanken.

Wenn Sie, liebe Leserinnen und Leser dieses Buches, nun fragen, ob in ihm wirklich die schönsten Städte des Bundeslandes beschrieben sind, dann kann ich nur hilflos mit den Schultern zucken – ich weiß es nicht. Als ich zu Beginn der Recherche die meiner Meinung nach würdigen Städte aufgelistet hatte, kam ich auf eine weit größere Zahl als die jetzt beschriebenen 40 Städte. Also musste aussortiert werden. Dabei habe ich eine möglichst ausgeglichene Verteilung angestrebt, dennoch ist ein solches Unterfangen natürlich immer sehr subjektiv. Ich hoffe aber, eine gute Auswahl getroffen zu haben, die Ihnen viele schöne Stunden bescheren wird.

Allen Leserinnen und Lesern des Buches wünsche ich deshalb viele erlebnis- und lehrreiche Besuche in einigen der schönsten Städte des Landes.

Dieter Buck

GLASSCHMIEDE

Blick auf Weikersheim

Im Norden des Landes

1 Wertheim

Eine der gewaltigsten Ruinen Deutschlands

In dem von der mächtigen Ruine überragten Wertheim bietet es sich an, einfach ziellos durch die Gassen zu bummeln und den malerischen »altdeutschen« Eindruck des Städtchens auf sich wirken zu lassen. Der erste Graf von Wertheim, Wolfram, wurde 1132 genannt. Wegen der topografischen Lage hatte Wertheim von Anbeginn her einen städtischen Charakter und besaß auch das Marktrecht sowie ab 1306 das Frankfurter Stadtrecht. Im 15. Jahrhundert lebten hier rund 3000 Menschen von Handel, Tucherzeugung und Weinbau, ab etwa 1350 gab es eine Münzstätte.

Kirchliches, ...

Die Stiftskirche (14. Jh.) besitzt einen spätgotischen Baldachin vor dem Hauptportal. Bei der Turmuhr (1544) weist das zur Burg zeigende Ziffernblatt lediglich den Stundenzeiger auf; nur das zum Marktplatz hin besitzt einen zweiten Zeiger. Besonders sehenswert sind die Grabmäler der Wertheimer Grafen (15.–18. Jh.) und die spätgotische Kilianskapelle (ab 1472), eine der schönsten gotischen Doppelkapellen Deutschlands. Bei einem Gang um das mit aufwendiger Maßwerkbrüstung und einem

Wappenfries verzierte Obergeschoss sieht man den »Wertheimer Affen«, der als Symbol der Eitelkeit gilt.

... bürgerliches ...

Von den einst 18 Stadttoren sind das zinnengekrönte Main-, das Zoll- sowie das Kittsteintor an der Tauber noch gut erhalten. Letzteres wurde zwar als Wach- und Wartturm errichtet, diente aber auch als Gefängnis für »Trunkenbolde« und »zänkische Weiber«. Der lang gestreckte Marktplatz wird von prächtigen Fachwerkhäusern gesäumt, von denen Nr. 6 eines der ältesten und wohl schmalsten Häuser Frankens ist.

Der Engelsbrunnen (1574) ist reich mit Skulpturen wie Engel, Schultheiß, Ratsherr, Stadtbaumeister, Künstler und den zur Bauzeit bekannten Planeten geschmückt.

↑ In den verwinkelten Gassen von Wertheim herrscht Idylle pur.

← Die Ruine Wertheim gehört zu den größten des Landes.

↑ Der Engelsbrunnen ist mit zahlreichen Figuren geschmückt.
← Im Bereich um das Grafschaftsmuseum und die Kirche ist man im schönsten Teil der Altstadt.

Sehenswert ist Gebäude Nr. 6 (1583), Gerbergasse. Hier im sogenannten Malerwinkel wurde im 16. Jahrhundert eine Synagoge erbaut. Am Baunachshof, Friedleinsgasse, sieht man viele Steinmetzzeichen und Hochwassermarken. Die ehemalige Fürstliche Hofhaltung (bis 1781) in der Mühlenstraße mit dem Weißen Turm der Stadtmauer dient heute als Rathaus. Sehenswert ist auch der mächtige Spitze Turm. Einen Besuch wert sind zudem das Glasmuseum und das Grafschaftsmuseum.

... und herrschaftliches Wertheim

Beherrschend über der Stadt thront die 1192 erstmals erwähnte Ruine Wertheim. Sie geht auf eine staufische Anlage zurück und wurde danach bis ins 17. Jahrhundert in mehreren Phasen zu einer der gewaltigsten Anlagen Deutschlands ausgebaut, sodass der Kunstschriftsteller Georg Dehio sie »eine der größten und schönsten Ruinen Deutschlands« nannte. Der bayerische König Ludwig I. sprach ihr 1847 gar den »ersten Platz unter den deutschen Burgen nach dem Heidelberger Schloss« zu.

Lage/Einwohnerzahl Wertheim liegt an der Grenze zu Bayern im Nordosten des Landes, wo die Tauber in den Main fließt, und hat 22 800 Einwohner.

Highlights Die Ruine Wertheim ist nicht nur eine mächtige Anlage, sondern bietet auch eine grandiose Aussicht auf die Stadt, Main und Tauber.

Tipp Nach der Stadtbesichtigung einen Kaffee im Außenbereich um den Engelsbrunnen oder am Marktplatz trinken und das lebhafte Treiben um sich herum genießen

Informationen www.wertheim.de, www.liebliches-taubertal.de

2 Bad Mergentheim

Kurstadt mit Vergangenheit

Zu den schönsten Städten des nicht umsonst so bezeichneten Lieblichen Taubertals gehört die Kurstadt Bad Mergentheim. Sie hat ihre Bedeutung und ihre reiche kulturelle Vergangenheit zum einen dem hier einst ansässigen Deutschen Orden zu verdanken, der ihr prächtige Bauten hinterließ, und zum anderen ihrem heilkräftigen Wasser. Diese salzigen Quellen waren bereits in der Jungsteinzeit bekannt und wurden bis in die Keltenzeit genutzt, ehe sie für rund 2000 Jahre in Vergessenheit gerieten. Die früher wehrhaft ummauerte und mit vielen Türmen versehene Stadt drohte nach dem Abgang des Ritterordens in der Bedeutungslosigkeit zu versinken, da entdeckte am 13. Oktober 1826 der Schäfer Franz Gehrig eine der lange verschütteten Heilquellen wieder und Mergentheim avancierte zur Badestadt.

Bad Mergentheim entstand aus einem fränkischen Königshof und wurde 1058 erstmals als Stadt genannt. Die Herren von Hohenlohe beschenkten 1207 den Johanniterorden, dann 1219 den Deutschritterorden mit Besitz und Rechten in Mergentheim. Letzterer richtete hier eine Kommende ein. 1340 erhielten die Deutschritter das Stadtrecht von Kaiser Ludwig dem Baiern sowie die alleinige Stadtherrschaft. Nach langen Streitigkeiten verkaufte der Johanniterorden 1355 fast seinen gesamten Besitz in der Stadt, während der Deutsche Orden bis zu seiner Aufhebung unter Napoleon 1809 hier bestand. Ab 1527, nach der Zerstörung des Amtssitzes des Ordens in Horneck am

Neckar, residierte der Hochmeister der im Deutschen Reich verbliebenen Ordensprovinzen in Mergentheim, wodurch die Stadt in das Zentrum der Glaubenskriege geriet. 1809 überließ Napoleon das Gebiet des Ordens König Friedrich I. von Württemberg.

Berühmte zeitweilige Bewohner der Stadt waren unter anderem Ludwig van Beethoven, der 1791 mit seiner Hofkapelle von Hochmeister Maximilian Franz, dem jüngsten Sohn Kaiserin Maria Theresias, nach Mergentheim geholt wurde, sowie Eduard Mörike, der hier als Kurgast seine Frau fand. Herzog Paul von Württemberg verwahrte im Schloss seine völkerkundlichen und naturwissenschaftlichen Sammlungen.

Vorbei am Münster

Auf dem Weg vom Bahnhof ins historische Zentrum kommt man am Spital zum hl. Geist (13. Jh.) vorbei. Sein Portal ist mit einem prächtigen Wappen des Hochmeisters Franz Ludwig von Pfalz-Neuburg geschmückt. Hinter dem Spital liegt die 1740/41 erbaute und im Rokokostil ausgestattete Spitalkapelle St. Martin. Danach erreicht man das vom Johanniterorden im 13. Jahrhundert erbaute Münster St. Johannes Baptist. Sehenswert sind das Kreuzrippengewölbe, die Malereien im Gewölbe und die mit Fresken versehene spätgotische Annakapelle. In der Eck'schen Kapelle (1608) befindet sich das Grabmal des Stifters. Beachten sollte man auch die fein gearbeitete Kanzel, die Schnitzarbeiten, die Epitaphe und die prächtige Rokokoorgel. Außen am Wandpfeiler des Westgiebels ist als Eichmaß die »Mergentheimer Elle« angebracht.

↑ Kunstvolle schneckenförmige Treppe im Schloss
← Der Marktplatz mit den Zwillingshäusern

Vom prächtigen Marktplatz ...

Am Marktplatz fallen die klassizistischen Zwillingshäuser an der Südseite der Stadtkirche St. Johannes ins Auge (18. Jh.). Der Milchlingsbrunnen zeigt vielleicht den Hochmeister Wolfgang Schutzbar, genannt Milchling. Seinen Beinamen hat er deshalb bekommen, weil er von seiner Mutter lange gestillt worden war – angeblich bis zum 20. Lebensjahr! Die 1469 eröffnete Engelapotheke ist eine der ältesten Apotheken Deutschlands und war die Hofapotheke des Deutschen Ordens. Auf der Südseite steht das 1562 bis 1564 erbaute Renaissancerathaus.

Über den Marktplatz kommt man zur 1371 eingeweihten Anlage St. Bernhard der Zisterzienserabtei Schöntal, an die das prächtige Wappen über dem Eingangstor erinnert. Hier in der Mühlwehrstraße und in der vom Marktplatz nach Osten verlaufenden Burgstraße sind die Häuser mit Madonnen- und Heiligenfiguren sowie farbigen Wappenschilden geschmückt, zudem stehen hier das Ritterhaus aus der Renaissance und zwei prächtige Fachwerkhäuser.

Am Hans-Heinrich-Ehrler-Platz warten der Marienbrunnen (19. Jh.) und das Obere Badehaus (1667), auf der Ostseite das innen mit einem prächtigen Renaissanceportal geschmückte Kanzlerhaus. Auch das Haus rechts daneben besitzt ein beeindruckendes Portal. Die ab 1320 erbaute Marienkirche des Dominikanerklosters hat einen hellen gotischen Chor, sehenswert sind der Hochaltar mit dem Vesperbild, das Bronzeepitaph des Hochmeisters Walter von Cromberg (†1543) aus der Werkstatt Peter Vischers in Nürnberg, die zahlreichen Fresken (ab 1300) und die Pietà (14. Jh.) im neugotischen Hochaltar. Das Relief mit einem Marientod von 1519 stammt aus der Umgebung von Tilman Riemenschneider.

... zum Schloss des Deutschen Ordens

Zu den bedeutendsten Bauwerken der Stadt zählt das Deutschordensschloss, das auf eine aus der Romanik stammende Wasserburg (12. Jh.) zurückgeht. Von 1527 bis 1809 residierte hier der Hoch- und Deutschmeister des Ordens, von 1827 bis 1860 Prinz Paul von Württemberg. In den Türmen kann man Wendeltreppen bewundern. In der Anlage befinden sich auch die Schlosskirche mit der Ordensgruft und das Deutschordensmuseum. In Letzterem kann man unter anderem die fürstlichen Räume besichtigen, besonders schön ist der von Franz Anton Bagnato gestaltete frühklassizistische Kapitelsaal. Bei einer Besichti-

↑ Der Marktplatz ist von vielen Fachwerkhäusern umstanden.

Lage/Einwohnerzahl Bad Mergentheim liegt im »Lieblichen Taubertal« und hat 23 800 Einwohner.

Highlights Mit den prächtigen Häusern, die man rund um den Marktplatz und in dessen Umgebung findet, dem Deutschordensschloss mit seinem Museum und dem riesigen Kurpark ist ein Tag mehr als ausgefüllt.

Tipp Der nahe gelegene Wildpark zeigt viele einheimische und ausländische Tierarten. Vor allem das Wolfsrudel ist eine Sensation. Übernachten kann man auch, sogar in der Nähe der Wölfe in kindgerechten, lustigen Holzgebäuden.

Informationen www.bad-mergentheim.de, www.liebliches-taubertal.de, www.wildtierpark.de

Der große Kurpark ist zu jeder Jahreszeit ein echter Genuss, besonders aber im Frühling.

gung sieht man außerdem eine Ausstellung zu 800 Jahren Deutscher Orden, Exponate zur Stadtgeschichte, ein Mörike-Kabinett, ein Diorama der Schlacht von Herbsthausen, die Adelsheim-Sammlung und Puppenstuben.

Die Schlosskirche wurde 1730 bis 1736 unter Beteiligung von Balthasar Neumann und François Cuvilliés errichtet. Sie ist mit schönem Stuck, Deckengemälden, einem zweisäuligen Hochaltar (1735) und einer Kanzel von 1734 geschmückt. Auch die Gruft unter der Kirche ist stuckiert. In ihr befinden sich viele Grabmäler der Hochmeister.

Geistesgrößen in Bad Mergentheim

An der Ecke zur Burgstraße, links vor dem Eingang zum Deutschordensschloss, steht das mit einer Bronzetafel versehene Beethovenhaus. Der Komponist musizierte 1791 als Bratschist im Hoforchester des Hochmeisters Maximilian Franz von Österreich. Hier biegen wir nach Westen in die Burgstraße ein. Auf der rechten Seite sehen wir bald die Fuchsenschenke. Das mit einem schönen Eingang und Rokokofenstern geschmückte Gebäude gehörte 1722 dem Ordensbaumeister Roth und wurde von ihm zur Gastwirtschaft umgebaut. An der Einmündung zum Marktplatz steht links das Mörikehaus. Es erinnert an Eduard Mörike, der 1844 bis 1851 hier lebte und seine spätere Frau kennenlernte. Von dort aus kommt man nach rechts in den Ledermarkt, wo wir auf der rechten Seite das katholische Pfarramt sehen. Hier befand sich bis 1554 der Sitz des Johanniterordens. 1623 ließ es der Deutsche Orden umbauen. Über dem Portal sind die Wappen beider Ordensgemeinschaften angebracht. Etwas weiter nördlich liegt der Johanniterhof. Er wurde vermutlich im 8. Jahrhundert als karolingischer Königshof angelegt. 1207 wurden die Patronatsrechte über die Kirche von Albert von Hohenlohe an das »Hospital des Heiligen Johannes des Täufers in Jerusalem«, den Johanniterorden, übertragen.

Zur Erholung nach einer Stadtbesichtigung bietet sich der idyllische Kurpark an. Er besitzt einen schönen alten Baumbestand, einen japanischen Garten, einen Klang- und einen Rosengarten. Auch Einkaufs- und Einkehrmöglichkeiten gibt es hier.

3 Weikersheim

Barocke Stadt, Schloss und Schlosspark

Zu den schönsten Schlössern, nicht nur im Lieblichen Taubertal, sondern im ganzen Land, gehört das in Weikersheim mit seinem berühmten Schlossgarten. Die erstmals 837 zur Zeit des Frankenkönigs Ludwig des Frommen in einer Schenkungsurkunde des Klosters Fulda als Wighartesheim erwähnte Stadt ist einer der Stammsitze der Hohenlohe, als solcher wurde sie auch 1156 erstmals genannt. Ihr heutiges Erscheinungsbild geht insbesondere auf die Grafen Siegfried (1619–1684) und Carl Ludwig (1674–1756) von Hohenlohe zurück. Als jedoch die Linie Hohenlohe-Weikersheim 1756 erlosch, bedeutete dies für die Stadt das Ende ihrer Glanzzeit.

Da Weikersheim nicht allzu groß ist und sich die Sehenswürdigkeiten um den Marktplatz und das Schloss gruppieren, lässt man sich am besten durch die historischen und romantischen Szenerien treiben und genießt die heimelige Atmosphäre. Beachten sollte man dabei auch die Details wie die verschiedenen prächtigen Steinportale und alten Türblätter. Der Marktplatz bezaubert mit einem herrlichen historischen Stadtbild aus dem 17. Jahrhundert. Dabei bilden Schloss, Brunnen, Kirche, Schlossbrücke und der Rest der Stadtmauer mit dem Tor ein reizvolles Ensemble.

Durch die bürgerliche Stadt

Schöpfer des 1768 errichteten Marktbrunnens war der Bildhauer Johann Andreas Sommer. Am Brunnen sieht man unter an-

↑ Gleich hinter dem stimmungsvollen Marktplatz liegt die Schlossanlage.
← Vom Garten her sieht man das Schloss von seiner schönsten Seite.

derem das Allianzwappen Hohenlohe-Sachsen-Hildburghausen. Das Rathaus wurde 1711 als Kavaliershaus erbaut. In seinem Erdgeschoss befanden sich Kanzlei- und Audienzräume, darüber lagen drei Wohnungen für die höheren Beamten. Es ist mit der Inschrift »CLGVHVGHZLVC« versehen, was Carl Ludwig Graf von Hohenlohe und Gleichen Herr zu Langenburg und Cranichfeld bedeutet. Haus Nr. 5 beherbergte 1598 die Lateinschule. In dem Haus wohnte einst Jörg Weber, ein Urahne Goethes.

Das Haus Nr. 8 rechts daneben ist der frühere Weinkeller und Kornbau, heute Sitz des Tauberländer Dorfmuseums. Das Gebäude wurde laut der Inschrifttafel auf der Rückseite im Jahr 1582 erbaut, wobei die geschmückte Fassade auf der Marktseite 1712 unter Graf Carl Ludwig erneuert wurde. In dem Museum wird eine große Sammlung von ländlichen Exponaten aus Tauberfranken gezeigt, darunter bäuerliches Mobiliar, Gebrauchsgegenstände, Trachten und Arbeitsgeräte. Außerdem kann sich der Besucher über die Arbeitsabläufe der früheren Landwirtschaft, des Weinbaus und der Viehzucht informieren.

Die evangelische Stadtkirche wurde 1418 erbaut. Besonders sehenswert sind das romanische Rundbogenfries, der Taufstein (14. Jh.), die achteckige Renaissancekanzel (um 1590), das Ton-Grabmal des sächsischen Herzogs Heinz von Sachsen-Lauenburg (1437) und das Rittergrabmal.

Einmalig: Schloss und Schlossgarten

Das prächtige Renaissanceschloss hat seinen Ursprung in einer mittelalterlichen Wasserburg. Sein wichtigster Teil ist der zum Garten weisende Saaltrakt, der mit einem reich verzierten Giebel versehen ist. Der Rittersaal gilt als einer der am besten erhaltenen Festsäle aus der Renaissance. Er besitzt eine mit

AOK
Die Gesundheitskasse.

↑ Blick von den nahe liegenden Höhen auf Stadt und Schloss
← Der mächtige Torturm gehörte einst zur Stadtbefestigung.

Jagdszenen ausgemalte Kassettendecke. Auch das Relief, welches eine Türkenschlacht vom Anfang des 17. Jahrhunderts zeigt, ist sehenswert. Die Kapelle stammt aus dem Jahr 1600. Im zweiten Stock liegen die zu Beginn des 18. Jahrhunderts eingerichteten Wohngemächer der Fürstin, in denen man eines der ältesten Spiegelkabinette findet.

Das Highlight einer Besichtigung ist aber sicher der fürstliche Schlossgarten. Er gehört zu den wenigen erhaltenen hochbarocken Gartenanlagen und erweckt an schönen Sommertagen den Eindruck einer bukolischen Landschaft – wozu nicht zuletzt auch die Weinberge des Taubertales beitragen, die man vom Garten und vom Schloss aus sehen kann. In der Mitte der Hauptachse wurde eine Herkules-Fontäne installiert – man kann sich sicher denken, wer nach der Sichtweise des Fürsten den Herkules darstellt. Den Abschluss des Schlossgartens bildet die Orangerie. Ihre Belvedere- und Triumphbogenarchitektur gehört zu den prächtigsten Elementen der Anlage. Beim Blick durch ihre Flügel entsteht der optische Eindruck, dass sich der Garten in die weite Taubertäler Landschaft erstreckt.

Der Schlossgarten war zwischen 1862 und Anfang des 20. Jahrhunderts ziemlich verwildert. Ab den 1950er-Jahren wurde ihm seine barocke Schönheit zurückgegeben.

Im Schlossgarten ist eine umfangreiche Figurensammlung zu sehen, wie sie kaum eine andere Barockanlage in Europa bieten kann. Die Skulpturen, welche Gottheiten darstellen, sind Sinnbilder der Elemente und der Winde. Etwas Besonderes und Außergewöhnliches sind zudem die zahlreichen Zwerge. Sieht man sie in anderen barocken Anlagen oft als bucklige und lächerliche Kreaturen, so sind sie hier honorig und seriös dargestellt.

Lage/Einwohnerzahl Weikersheim liegt im Nordosten Baden-Württembergs nahe der bayerischen Grenze im Lieblichen Taubertal. Es zählt 7300 Einwohner.

Highlights Eine Besichtigung von Schloss und Schlossgarten

Tipp Ein Besuch im Tauberländer Dorfmuseum bringt einem die Region näher.

Informationen www.weikersheim.de, www.schloss-weikersheim.de, www.tauberlaender-dorfmuseum.de, www.liebliches-taubertal.de

4 Mosbach

Das Tor zum Odenwald

Mosbach liegt zwischen Heilbronn und Heidelberg und ist reizvoll eingebettet zwischen dem Neckar auf der Westseite und dem Odenwald, der östlich der Stadt beginnt. Durch seine prächtigen Fachwerkhäuser – nicht umsonst ist Mosbach Mitglied der Deutschen Fachwerkstraße – ist diese größte Stadt im Neckar-Odenwaldkreis ein beliebtes Ausflugsziel.

Die erstmals um 824 genannte Stadt war bis Ende des 14. Jahrhunderts eine Reichsstadt, dann kam sie 1362 zur Kurpfalz. 1410 erhob Pfalzgraf Otto I. Mosbach zu seiner Residenz. Die Besitzungen der Pfalzgrafschaft Mosbach waren weit gestreut, denn sie lagen am Neckar, im Kraichgau, an der Bergstraße und um Neumarkt in der Oberpfalz. Es war eine glanzvolle Ära für die Stadt, ihre prächtigen Fachwerkhäuser stammen teilweise noch aus dieser Zeit. 1806 kam Mosbach an Baden.

Fachwerkhäuser vom Feinsten

Da Mosbach in den vergangenen Jahrhunderten von Kriegsschäden verschont geblieben ist, weist die Stadt immer noch ein imposantes Stadtbild auf. Vor allem die vielen bis zu vier Stockwerke hohen Bauten im Zentrum beeindrucken die Besucher.

Das wohl schönste Fachwerkhaus der Stadt ist das in der Spätrenaissance erbaute Palm'sche Haus (1610) auf der Nordseite des Marktplatzes. Es besitzt eine reich geschmückte Fassade mit durch Schnitzereien und Bemalungen verzierten Holzbalken. Das benachbarte Renaissancerathaus (1554–1558) wurde auf den Resten der Cäcilienpfarrkirche errichtet. Am und um den Marktplatz stehen noch weitere Fachwerkhäuser wie das Haus Lindenlaub (1589) sowie die daran angrenzenden Gebäude; Haus Badgasse 1 wurde 1360 als ältestes Haus Mosbachs errichtet. Das schmale Salzhaus (um 1425) in der Hauptstraße westlich des Marktplatzes ist eines der ältesten Fachwerkhäuser der Stadt. Ein ehrwürdiges Alter hat auch das mit prächtigem Fachwerk versehene Alte Hospital (1495), welches heute das Stadtmuseum beherbergt. Das benachbarte Haus Kickelhain weist eine Wohnfläche von nur 52 Quadratmetern auf, die auf drei Etagen verteilt sind, und ist damit eines der kleinsten freistehenden Fachwerkhäuser Deutschlands. Auch dieses gehört heute zum städtischen Museum.

Gegensätze: vom Schloss zur einfachen Bevölkerung

Die Anfänge des Schlosses gehen auf das Hochmittelalter zurück. Es besteht aus dem Alten Schloss, Schlossgasse 24, und dem Hinteren oder Neuen Schloss, Schlossgasse 28. Den romantischen Eindruck mit Erkern, Fachwerk und Zwerchgiebeln verdankt es Umbaumaßnahmen im Jahr 1898. Um das Schloss herum finden wir Reste der ehemali-

↑ Mosbach ist ein wahres Fachwerkparadies.
← Das Palm'sche Haus gehört zu den schönsten der Stadt.

↑ Immer wieder stößt man auf Fachwerkhäuser.

↑ Oft ergänzt reicher Figurenschmuck das Fachwerk.
→ Das Mosbacher Rathaus ging aus einer Kirche hervor.

gen Mosbacher Stadtbefestigung, nämlich einen kleinen Schalenturm und Mauerteile.

Der Kiwwelschisserbrunnen (»Kübelscheißer-Brunnen«) erinnert an den Spitznamen der Mosbacher. Er geht auf die Zeit zurück, als die Bevölkerung ihre Notdurft in einen Eimer oder Kübel (»Kiwwel«) verrichtete. Außerhalb des Zentrums beim Friedhof findet man die 1418 erstmals erwähnte Gutleutanlage, die aus dem Gutleuthaus, dem Elendshaus und der reich ausgestatteten Gutleutkapelle besteht. Hier wurden Leprakranke, aber auch andere Kranke sowie Alte oder Fremde untergebracht.

Mosbacher Kirchen

Die Stiftskirche wurde ab dem 14. Jahrhundert von den Benediktinern erbaut und diente ab 1708 als Simultankirche für Katholiken und Protestanten. Beide Konfessionen wurden durch eine – mittlerweile geöffnete – Trennmauer auf dem Lettner getrennt: Die Protestanten bekamen das Schiff, die Katholiken den Chor, St. Juliana genannt. Die Kirche besitzt verschiedene Grabplatten aus dem Mittelalter (ab 1312) sowie Fresken (um 1390). Ein moderneres kirchliches Bauwerk ist die 1935 von dem bedeutenden Sakralbau-Architekten Hans Herkommer errichtete katholische Pfarrkirche St. Cäcilia auf dem Berge.

Lage/Einwohnerzahl Mosbach liegt nördlich von Heilbronn und östlich des Neckars an der B27. Es hat 23500 Einwohner.

Highlights Das Palm'sche Haus am Marktplatz ist eines der schönsten Fachwerkhäuser des Landes.

Tipp Im Hotel Schwanen in einem prächtigen Fachwerkhaus am Marktplatz lohnen sich sowohl Übernachtung wie auch eine Einkehr.

Informationen www.mosbach.de

5 Bad Wimpfen

Mit Königspfalz und zweigeteilt

Das am Neckar gelegene Bad Wimpfen besteht aus den Stadtteilen Wimpfen am Berg und dem älteren Wimpfen im Tal. Die Siedlungsgeschichte führt aber deutlich weiter zurück: Für die Latènezeit, um 450 v. Chr., sind hier bereits die Kelten nachweisbar. Keimzelle der Stadt war aber ein um 85 n. Chr. bestehendes römisches Kastell am Neckar-Odenwald-Limes. Die Römer errichteten sogar eine Brücke über den Neckar. Als das Kastell seine militärische Bedeutung verlor, gab es hier bereits eine bedeutende Siedlung, vergleichbar mit Rottweil oder Ladenburg.

Auf die Römer folgte eine fränkische Siedlung, die ab etwa 500 fränkisches Königsgut war. In dieser Zeit wurde auch eine erste Kirche im Tal erbaut. Der Ort geriet daraufhin immer mehr unter den Einfluss der Wormser Bischöfe, die um 1000 wichtige Rechte besaßen. Im Mittelalter entwickelte sich eine blühende Stadt mit einem heute noch berühmten Markt. Der Ort gehörte bis 1803 zum Bistum Worms und hatte keinerlei Verbindung zur kaiserlichen Pfalz.

Ab 1269 wurde die Stiftskirche im Tal zu einer der eindrucksvollsten des Landes umgebaut. Die Stadt um das Stift entwickelte sich zu einem ummauerten Marktort, der auch Zollgerechtigkeiten und Fischereirechte besaß. Der seit den Anfängen des Stifts beste-

↑ Steinhaus und Fachwerkhaus – Bauwerke verschiedener Epochen machen die Altstadt interessant.
← Blick aus dem alten Zentrum zum Blauen Turm

hende alljährlich stattfindende Wimpfener Talmarkt ist einer der ältesten in Deutschland.

In der Bergstadt existierte als Vorgängerin der heutigen Stadtkirche bereits vor der Errichtung der Pfalz eine Kirche. Um 1160/1170 errichtete Kaiser Friedrich I. Barbarossa hier eine Königspfalz. Es ist die einzige staufische Pfalz in Baden-Württemberg und nicht nur die größte Deutschlands, sondern überhaupt die größte Kaiserpfalz nördlich der Alpen.

Heinrich VI. war dreimal in Wimpfen, Friedrich II. achtmal. Der unglückliche König Heinrich VII. unterwarf sich hier 1235 seinem Vater Kaiser Friedrich II. Nach dem Untergang der Staufer wurde Wimpfen Ende des 13. Jahrhunderts Reichsstadt, war ab 1331 Mitglied im Schwäbischen Städtebund und später im Schwäbischen Reichskreis. 1802 kam die Stadt an Baden, ein Jahr später an das Großherzogtum Hessen. 1945 wurde es dem badischen Sinsheim zugeteilt, 1952 kam es durch Volksabstimmung zum Landkreis Heilbronn.

Auf der Höhe: Wimpfen am Berg

Wenn man durch Wimpfen am Berg bummelt, sieht man viele bürgerliche Wohnbauten aus dem 15. bis 19. Jahrhundert. Beispiele sind die Weinstube Feyerabend in der Salzgasse mit einem Renaissanceerker, das Riesenhaus in der Langgasse, ein siebengeschossiger Fachwerkbau von 1532, das Haus Nr. 25 in der Hauptstraße mit reichem Zierfachwerk (um 1500) oder das Haus Nr. 83, eines der ältesten Fachwerkhäuser (um 1500) der Stadt. Wenn man mit der Besichtigung am Bahnhof beginnt, geht man durch ein

Schwibbogengasse

↑ Das Nürnberger Türmle wirkt recht putzig.
← Reizvolle Szenerien warten in den verwinkelten Gassen.

↑ Auch der Rote Turm geht auf die Kaiserpfalz zurück.

Rundbogentor und vorbei an dem rechts oben stehenden Nürnberger Türmle zu dem in der Romanik aus Bruchsteinen erbauten Hohenstaufen- oder Schwibbogentor, das bereits zur Pfalz gehört.

Durch die Pfalz zum Blauen Turm

Die Hauptbauphase der Kaiserpfalz erfolgte in den Jahren zwischen 1200 und 1250. Im Norden, Süden und Osten findet man eine teilweise erhaltene Ringmauer mit einem begehbaren Wehrgang. Im Westen steht der sogenannte Blaue Turm, im Osten der Rote Turm; beide markieren die größte Ausdehnung der Pfalz.

Durch die Schwibbogengasse steigt man hinauf ins Burgviertel, vorbei an Fachwerkhaus Nr. 9 (1590) und Fachwerkhaus Nr. 5 (16. Jh.). Letzteres besitzt eine hebräische Inschrift von 1580 und war ein jüdischer Gebetssaal. Oben rechts steht der heute als Aussichtsturm dienende Rote Turm aus dem 12. Jahrhundert, der östliche Bergfried der Pfalz. Man vermutet aufgrund der Ausstattung, dass er als letzte Rückzugsmöglichkeit für den König gedacht war. Die Eingangstür konnte wie beim Blauen Turm lediglich über Leitern oder Brücken von den Nachbargebäuden erreicht werden. Rechts von ihm können wir zum Nürnberger Türmle gehen.

Durch die Straße Burgviertel kommen wir zum weitläufigen Palas, dem Zentrum der Anlage. Auf der Neckarseite steht noch die mit Arkaden versehene Palaswand, die im Mittelalter als Stadtmauer diente. An den Arkadenfenstern sieht man mit den ornamentierten Säulen und den reich verzierten Kapitellen reiche Bauplastik – sie zählen wohl zu den am meisten fotografierten Bauteilen der Pfalz. Von hier aus hat man einen herrlichen Blick hinab ins Neckartal. Die Pfalzkapelle (um 1200), heute das Kirchenhistorische Museum, konnte der König auf der Empore vom Rittersaal des Palas aus betreten. Der Triumphbogen ist eines der frühesten Beispiele für einen Spitzbogen in Deutschland.

Nun folgt das romanische in der Gotik mehrfach umgebaute Steinhaus (13. Jh.), eines der größten romanischen Häuser

Deutschlands. Einst war es wohl die Kemenate der Königin, unter anderem wohnte hier Margarethe von Österreich, die Gemahlin des jungen Königs Heinrich VII. Im Inneren gibt es spätgotische Wandmalereien, die ältesten von ihnen aus dem 14. Jahrhundert, ein großes romanisches Fenster mit Sitznischen und ein eindrucksvolles siebenteiliges Fenster (um 1400). Im Haus befindet sich das Steinhaus-Museum, in dem man vor allem historische Exponate sieht.

Beim etwa 30 Meter hohen Blauen Turm, vielleicht ein aus Buckelquadern errichteter ehemaliger Bergfried oder Wachtturm, sind die aus der Romanik stammenden Untergeschosse aus blaugrauem Kalkstein gemauert – heute dient er als Aussichtsturm. Die Türmertradition ist seit Anfang des 14. Jahrhunderts ungebrochen.

Marktplatz und Stadtzentrum

Das Bürgermeister-Elsässer-Haus unterhalb des Blauen Turms, Obere Turmgasse 1, ist ein adliges Stadthaus (16. Jh.); es erhielt 1717 einen Barockerker. Der Gemminger Hof in der Nähe des Roten Turms ist eine der größten Hofanlagen der Stadt.

Hinter dem Blauen Turm liegt der von schönen Häusern umstandene Marktplatz. Das 1266 erbaute, heute verputzte Fachwerkhaus Nr. 6 ist vielleicht eines der ältesten Wohnhäuser des Landes. Im 1779 barock erneuerten ehemaligen Gasthaus Rappen soll der Feldherr Graf von Tilly vor der Schlacht bei Wimpfen 1622 gewohnt haben.

Die zweitürmige evangelische Stadtkirche ging aus einer vorromanischen Saalkirche hervor. Der Plan für die 1520 vollendete spätgotische Hallenkirche stammt möglicherweise von dem Wiener Baumeister Anton Pilgram, ausführender Baumeister war Bernhard Sporer. Sie besitzt eine sehenswerte Inneneinrichtung. Hinter der Kirche steht eine prächtige Kreuzigungsgruppe von Hans Backoffen aus Mainz (16. Jh.).

Auf der Neckarseite der Kirche finden wir in der Mathildenbadstraße 2 den Wormser Hof, in dem die Besitztümer des Klosters Worms in Wimpfen verwaltet wurden. Das Gebäude besitzt gekuppelte Fenster und geht im östlichen Teil auf das Jahr 1220 zurück, zu ihm gehören die Zehntscheuer, das Verwaltungs- und das Wirtschaftsgebäude. Auf der Westseite der Kirchgasse sollte man einen Blick in die Badgasse werfen. Nr. 8 ist ein prächtiges Renaissancefachwerkhaus (16. Jh.), Nr. 10 eines der schmalsten Fachwerkhäuser Deutschlands (17./18. Jh.).

Vom Marktplatz aus kommen wir zum Kronengässchen. Über die Langgasse erreichen wir das um 1230 gegründete Spital, das in ein geistliches und in ein bürgerliches Spital unterteilt war. Letzteres stammt aus dem 13. Jahrhundert und besitzt Fachwerkanbauten aus dem 15. Jahrhundert. Hier sitzt das Reichsstädtische Museum.

Prächtige Fachwerkhäuser stehen in der Klostergasse, darunter Nr. 7/9 (1539) und Nr. 10, das Stadthaus der Herren von Ehrenberg (1451). Links oberhalb erhebt sich die ehemalige Dominikanerkirche, heute katholische Pfarrkirche (barocker Umbau Anfang 18. Jh.). Sie besitzt eine reiche Ausstattung aus dem Mittelalter und dem Barock.

Lage/Einwohnerzahl Bad Wimpfen liegt etwa in der Mitte des Landes am und über dem Neckar und hat 7200 Einwohner.

Highlights Die mittelalterlichen Arkaden der Pfalz; für Geschichtsinteressierte das Museum im Steinhaus, das Reichsstädtische und das Kirchengeschichtliche Museum

Tipp Bei der Vielzahl von sehenswerten Gebäuden ist es kein Fehler, genügend Zeit mitzubringen und ziellos durch die Gassen zu schlendern. Ein Besuch des Reichstadtfests oder des Wimpfener Talmarkts ist ein bleibendes Erlebnis.

Informationen www.badwimpfen.de

Am Neckar: Wimpfen im Tal

Die 1269 frühgotisch umgebaute Ritterstiftskirche St. Peter geht auf das 7. Jahrhundert zurück. Sie gilt als eines der bedeutendsten Werke der deutschen Hochgotik. Sehenswert ist das mit Skulpturen geschmückte Südportal. Auch innen findet man beeindruckende Kunstwerke. Der Hochaltar ist von 1278, auch der Dreisitz stammt aus dem 13. Jahrhundert, genau wie das mit imposantem Schnitzwerk verzierte Chorgestühl. Das sechs Meter hohe Sakramentshaus wurde 1430 geschaffen, das bemalte Altarkreuz im 15. Jahrhundert. In der nördlichen Seitenkapelle sieht man bemerkenswerte Glasfenster und den Katharinenaltar mit schönen Holzplastiken (um 1500). Im Chor findet man Sandsteinskulpturen (13. Jh.). Die Altarmensa ist mit Blendmaßwerk geschmückt. Der dreiflügelige Kreuzgang besitzt verzierte Kapitelle, darunter eines mit einem Vogelnest, das Nikolaus Lenau zu einem Gedicht inspirierte. Außerdem finden sich hier Grabplatten der Stiftsherren. Vor der Kirche auf dem mit alten Kastanien bewachsenen Platz stehen ein Brunnen von 1667 und barocke Stiftsbauten.

↑ Die Arkaden des Palas über dem Neckar
← Blick zur doppeltürmigen Kirche

6 Schwäbisch Hall

Von hier hat der Heller seinen Namen

Salz, das »weiße Gold des Mittelalters«, war über lange Zeit das bestimmende Element der Salzsiederstadt. Bereits vor 2500 Jahren siedelten hier Kelten bei einer Salzquelle und betrieben eine Saline. Aus dem 3. bis 1. Jahrhundert v. Chr. fand man Salzsiedeanlagen mit Holztrögen, Tonwannen und Keramik. Das auf den großen Salzmärkten in Speyer, Frankfurt und im Elsass verkaufte Salz war die Grundlage für den Reichtum. Auf dem Rückweg transportierten die Fuhrwerke vor allem Wein, der von Hall aus nach Bayern verkauft wurde, was das zweite wirtschaftliche Standbein der Stadt bildete.

Nach langen Konflikten konnten durch den Wiener Schiedsspruch König Rudolfs die ständigen Ansprüche der Schenken von Limpurg endgültig abgewehrt werden und Schwäbisch Hall entwickelte sich ungestört zu einer Reichsstadt. Sie hatte nach Nürnberg und Ulm das drittgrößte Territorium aller süddeutschen Reichsstädte. Ihr Name wurde außer durch das Salz durch die hier geprägten Silberpfennige, die »Heller«, in die Welt getragen. Ab 1522 reformierte Johannes Brenz die Stadt. Seinem mäßigenden Einfluss ist es zu verdanken, dass es hier keine »Bilderstürmer« gab und die meisten Kunstschätze erhalten blieben.

Beim großen Stadtbrand 1728 wurden zwei Drittel der Altstadt, rund 400 Häuser, zerstört. Sie wurden im Barockstil wiederaufgebaut. Nach dem Rückgang des Geschäftes mit dem Salz im 19. Jahrhundert litt Hall unter einer langen wirtschaftlichen Stagnation.

Vom Marktplatz aus die Stadtherrlichkeit erobern

Wir beginnen unsere Stadtbesichtigung am Marktplatz, einem der schönsten Deutschlands. Auf unserem Rundgang sollten wir immer wieder Blicke in die Seitengassen werfen, auf die vielen prächtigen Hausportale aus dem Barock und Rokoko, die oft mit prächtigen Verzierungen und Wappenkartuschen über den Türen geschmückt sind. Die »Haller Haustafeln« an den Häusern vermitteln viele interessante Informationen über das jeweilige Gebäude und die Stadt.

Vor dem schönen Sibylla-Egen-Haus (1730), Am Markt 9, steht der aus der Gotik stammende Fisch- oder Marktbrunnen (1509); in diesem »hübsche brunn auf dem marckh« wurden früher tatsächlich Fische frisch gehalten. Oberhalb sieht man den Pranger.

Auf der anderen Straßenseite liegt die Bürgertrinkstube, Am Markt 7. Das erstmals 1510 so genutzte Haus wurde nach dem Stadtbrand barock aufgebaut (1730–1732). Hier steht auch das Wibelsche Haus (um 1730). Das Rathaus wurde nach dem Stadtbrand am Platz der Jakobuskirche im Stil eines barocken Adelspalasts errichtet (1732–1735). Von ihm wurde schon geschrieben, es wäre eines der »vollkommensten Werke der barocken Profanarchitektur Deutschlands«.

Über die Kirche zum Schwalbennest

Auf den 54 Stufen der auf das Jahr 1507 zurückgehenden Treppenanlage steigen wir

↑ Die Freitreppe der Michaelskirche
← An der pittoresken Kocherfront

↑ Die historische Altstadt von Schwäbisch Hall bietet viele interessante Ecken.

hinauf zur Kirche St. Michael und genießen den prächtigen Blick über Marktplatz und Stadt. Die Uhr an der Fassade besitzt nur einen Stundenzeiger. Die prächtige Innenausstattung blieb dank dem Reformator Johannes Brenz vom Bildersturm verschont. Auch vom Turm hat man eine fantastische Aussicht über die Stadt und ins Umland.

Wir folgen westlich der Kirche der Pfarrgasse mit weiteren sehenswerten Bauten, dann geht es die Treppe hoch und wir erreichen den Neubau und das Schwalbennest. Die Obergeschosse des 1504 bis 1533 errichteten Neubaus dienten früher als Zeughaus und Getreidespeicher. Das Schwalbennest ist eine an die südwestliche Giebelseite des Neubaus angebaute Aussichtsterrasse.

Danach steigen wir die Wendeltreppe hinab zur Schiedgrabenbrücke; hier halten wir uns rechts zur Oberen Herrngasse. Der Schiedgraben trennte früher die Gebiete der freien Reichsstadt von denen der Schenken von Limpurg.

Keckenburg und Museum

Weiter führt unser Weg durch die Untere Herrngasse zurück zum Markt. Rechts steht in der Straße Am Markt mit der Nr. 2 ein mächtiges Fachwerkhaus. Links daneben finden wir die Löwen-Apotheke. Unterhalb davon im Schuhbäckgässle befand sich früher ein Franziskanerkloster. Dieses Haus sowie die benachbarten (Widmannhaus und Stellwaghaus) sind mit schönen Barock- und Renaissanceportalen geschmückt. Wir gehen nach links hinab zur Unteren Herrngasse, wo man linker Hand ein Haus mit braunem Fachwerk sieht – es ist eines der ältesten Gebäude der Stadt.

↑ Im Markt- oder Fischbrunnen schwammen früher wirklich Fische.
← Blick auf die Dächerlandschaft von Schwäbisch Hall

Wir halten uns links und kommen durch die Straße Steinerner Steg zum Keckenhof mit der achtstöckigen Keckenburg, einem 18,5 Meter hohen staufischen Wehrturm. Er erinnert an die Wohntürme des Adels in Italien. Der Turm gehört zum Hällisch-Fränkischen Museum, das sich über sieben historische Gebäude erstreckt. Südlich davon steht die dem Museum angegliederte Stadtmühle. Nach dem Museum gehen wir die kleine Treppe neben dem Ausgang hinunter zum Kocher.

Vom Kocher zur Kunsthalle

Hier halten wir uns rechts und kommen zum Steinernen Steg, der uns nach links zu den Inseln Grasbödele und Unterwöhrd bringt. Vom Unterwöhrd aus haben wir einen schönen Blick auf die Altstadt.

Vorbei am Globe-Theater, einem Nachbau des mittelalterlichen Shakespeare-Globe-Theaters in London, überqueren wir wieder den Fluss und gelangen in die Katharinenvorstadt, einst Wohnort der Handwerker. Wir spazieren durch die Mauerstraße nach Westen; dabei befindet sich links oben die Kunsthalle Würth mit der Sammlung des Mäzens Reinhold Würth. Schon alleine das Gebäude ist sehenswert.

Wenn wir weitergehen, können wir bei der steinernen Brücke links die profanierte Johanniterkirche bestaunen. Sie wurde kurz vor 1300 errichtet und von 1385 bis 1404 gotisch umgebaut und erweitert. Nun queren wir den Kocher auf der 1228 erwähnten Henkersbrücke und spazieren auf der Neuen Straße zum Marktplatz.

Lage/Einwohnerzahl Schwäbisch Hall liegt im südlichen Hohenlohe und südlich der A6. Es hat 40 500 Einwohner.

Highlights Für Städtebummler die prächtigen Fachwerkhäuser um den Marktplatz und die Kunstschätze in der Michaelskirche, für Kunstfreunde die Kunsthalle Würth

Tipp Empfehlenswert sind das Kuchen- und Brunnenfest der Salzsieder an Pfingsten, vor allem jedoch die Freilichtspiele, die durch ihren Spielort auf der Treppe einzigartig sind.

Informationen www.schwaebischhall.de

Der Marktplatz von Freudenstadt lädt zu Rast und Einkehr ein.

Der Südwesten

7 Ettlingen

Wiederaufgebaut von der Witwe des Türkenlouis

Die Anfänge der Siedlungsgeschichte Ettlingens bilden mal wieder die Kelten, ehe im 1. Jahrhundert n. Chr. ein römischer Vicus entstand. Die Stadt war damals ein wichtiger Verkehrsknotenpunkt, denn hier begann die Straße, die über Pforzheim nach Cannstatt führte. Bereits 965 besaß Ettlingen das Marktrecht, 1192 wurde es dann zur Stadt erhoben. 1219 gelangte es an die Markgrafschaft Baden. Im Pfälzischen Erbfolgekrieg wurde Ettlingen 1689 niedergebrannt, sodass nur die Straßenzüge noch erkennbar gewesen sein sollen. Unter der Markgräfin Sibylla Augusta, der Witwe von Ludwig Wilhelm von Baden-Baden, dem »Türkenlouis«, wurde die Stadt dann im Barockstil wiederaufgebaut.

Schloss und Kirche

Auch das Renaissanceschloss, welches im Jahr 1600 entstand, wurde zwischen 1727 und 1733 nach einem Brand barock ausgebaut. Es besitzt eine prächtige Fassadenmalerei und innen ein großes Fresko des bayerischen Freskenmalers Cosmas Damian

↑ Der Brunnen wurde aus dem ortstypisch roten Sandstein errichtet.
← In der Fußgängerzone von Ettlingen

Asam. Sehenswert sind das Portal im Innenhof und der Delfinbrunnen an der Wand vom Hohen Turm (1612). Die Schlosskapelle besitzt Fresken von Asam (1732). Vor dem Schloss steht der 1549 erbaute Narrenbrunnen. Das Bild stellt den Hansel von Singen, den Hofnarren von Markgraf Ernst, dar.

Die aus der Romanik stammende Stadtkirche St. Martin liegt über den einstigen römischen Bädern. Der Turm ist mit einer barocken Kuppel aus dem 18. Jahrhundert geschmückt, mit seiner achteckigen Form bildet er mit dem Rathausturm eine stilistische Einheit. Beeindruckend sind das spätgotische Sakramentshäuschen mit dem Wappen des Stifters Johann von Enzberg (†1475), die Madonnenfigur mit dem vergoldeten Gewand (Ende 17. Jh.), das Allianzwappen, das moderne Deckenfresko von Emil Wachter und eine St.-Martin-Skulptur über dem Haupteingang. Im Keller findet man Relikte eines römischen Badegebäudes (um 200 n. Chr.).

In der bürgerlichen Stadt

In Ettlingen mit seinen alten Gässchen findet man eine heimelige Atmosphäre, in der man in altertümlichen Ansichten schwelgen kann. Die meisten der früheren Fachwerkhäuser verbrannten allerdings beim großen Brand 1689.

Das Rathaus (1737/38) besitzt eine barocke Sandsteinschaufassade mit der Figur einer Justitia auf dem geschweiften Giebel und einem hl. Georg in einer Nische. An der Ostwand steht eine Kopie (16. Jh.) eines Neptunsteins aus einem römischen Inschriftstein. Der mit dem Rathaus verbundene Turm (13. Jh.) war erst ein Stadttor, der achteckige Aufbau mit Barocklaterne stammt von 1737/1739.

Lage/Einwohnerzahl Ettlingen liegt südlich von Karlsruhe an der A5. Es hat 49 400 Einwohner.

Highlights Das Schloss und seine Umgebung in der Innenstadt

Tipp Eine Einkehr im Café Erbprinz; hier gibt es selbstgemachte Pralinen und herrliche Kuchen. Eine Reservierung empfiehlt sich.

Informationen www.ettlingen.de

Stadtbildprägend ist das Hotel-Restaurant Erbprinz. Die Wappen an dem spätgotischen Georgsbrunnen (1494) auf dem Marktplatz gehören zu Österreich (vorne), Baden-Sponheim (rechts), Ettlingen (links) und Trier (hinten). Der Weißenburger Hof geht auf das Kloster Weißenburg im Elsass zurück, das seit Anfang des 8. Jahrhunderts hier einen Klosterhof zur Verwaltung seiner Besitzungen in und um Ettlingen besaß.

An der Alb steht der Schildhalterinnenbrunnen (um 1650). Die mächtige Obere Mühle (1791) in der Pforzheimer Straße 68 besitzt ebenfalls schönes Fachwerk. Von der einstigen Ummauerung der Stadt sind noch Mauerreste und der runde Lauerturm (16. Jh.) erhalten.

↑ Prächtig geschmückter Balkon
← Der Georgsbrunnen ist mit Wappen verziert.

8 Gernsbach

Fachwerk und Blumenschmuck

In Gernsbach kann man nicht nur schöne Fachwerkhäuser sehen, sondern hier kommen auch Blumenfreunde auf ihre Kosten: In den Sommermonaten (ab Juni) ist die Stadt mit zahlreichen Cannas-Beeten geschmückt. Auch der Katz'sche Garten ist ein Gartenparadies.

Die 1219 erstmals urkundlich erwähnte Stadt wurde von den Grafen von Eberstein gegründet. Bedeutend und reich wurde sie durch den Holzhandel der 1488 gegründeten Murgschifferschaft. Zurückgeworfen wurde die Entwicklung Gernsbachs dagegen durch einen Großbrand im Jahr 1417, den Dreißigjährigen Krieg und den Pfälzischen Erbfolgekrieg. 1660 gelangte die Stadt unter die Verwaltung von drei Vögten, und die Häuser Baden und Württemberg sowie das Fürstbistum Speyer hatten je ein Amtshaus in der Stadt. 1803 kam sie an Baden.

Schlendern zwischen schmucken Fachwerkhäusern

Wir starten unseren Rundgang an der bereits 1505 erstmals erwähnten und zwischen 1823 und 1825 neu erbauten Stadtbrücke. Hinter ihr an der Kreuzung der Waldbachstraße mit der Hauptstraße stehen Fachwerkhäuser und Gebäude aus der Gründerzeit (1870) sowie der Kondominatsbrunnen (1511). Seine Wappen erinnern daran, dass die Herrschaft über die Stadt einst zwischen den Grafen von Eberstein und den badischen Markgrafen geteilt war. Die Hauptstraße bringt uns nach rechts zum Alten Rathaus, einem der bedeutendsten Renaissancegebäude in Süddeutschland. Es wurde 1617/18 im Auftrag des Murgschiffers und Holzhändlers Johann Jakob Kast durch den Heidelberger Hofbaumeister Johann Schoch errichtet. Durch den kupfer-

↑ Im Gernsbacher Zentrum findet man zahlreiche sehenswerte Gebäude.
← Blick über die Murg

gedeckten Eckerker und die geschmückten Fenster und Giebel ist es wohl das schönste Haus der Stadt. Seit Ende des Dreißigjährigen Krieges dient es als Rathaus. Der gotische Marktbrunnen (1549) auf dem Marktplatz ist mit einer Renaissancesäule und einem barocken Nepomuk (17. Jh.) geschmückt.

Etwas weiter rechts steht das 1471 als Kaufhaus des Korn- und Fruchtmarktes erwähnte Kornhaus, das nach dem letzten großen Stadtbrand (1798) nach Plänen des Karlsruher Architekten Friedrich Weinbrenner erbaut wurde. Danach sehen wir links den Wolkensteinischen Hof, der auf den Freiherrn Christoph von Wolkenstein, einen Nachfahren des Südtiroler Minnesängers Oswald von Wolkenstein, zurückgeht. Er hatte 1600 die Gräfin Maria von Eberstein geheiratet und sich kurz darauf eine Residenz im Renaissancestil erbaut. Diese wurde im Pfälzischen Erbfolgekrieg (1688–1697) durch französische Truppen fast vollständig zerstört. Der heutige Bau mit seinen sandsteinumrahmten Fenstern stammt von 1798.

Zwischen den Bürgerhäusern eine Kirche, am Schluss ein Garten

Die Liebfrauenkirche steht dahinter an der höchsten Stelle der Altstadt. Sie wurde 1380/90 erbaut und 1833 erweitert. Vielleicht ging sie aus einer früheren Burgkapelle hervor. Ihr Turm war in die Befestigungsanlage eingebunden. Noch Anfang des 18. Jahrhunderts stand auf ihm zum Schutz der westlichen Flanke der Stadtmauer ein Geschütz. Im Turm findet man ein Heiliges Grab aus dem 15. Jahrhundert. Sehenswert sind die spätgotische Pietà (um 1500), drei Heiligenfiguren und die Glasfenster (15. Jh.).

Rechts an der Kirche vorbei kommen wir zum Storchenturm. Er ist mit einem badischen Wappen versehen und stand einst vor dem oberen Stadttor. Wir gehen nun zurück und biegen nach dem Wolkensteinischen Hof nach rechts in die steil abwärts führende Turmstraße ein. Vorbei an den Kellern des Wolkensteinischen Hofes und

↑ Der Katz'sche Garten ist ein kleines Paradies.
→ Cannas im historischen Zentrum

dem alten Gefängnis erreichen wir die Storrentorstraße, wo wir rechts und gleich darauf links in die Waldbachstraße abbiegen. Hier steht rechts das ehemalige Spital, das 1654 mitsamt einer Lohmühle an eine Rotgerberfamilie überging.

Links abwärts kommen wir zum Rest der 1219 erstmals erwähnten Stadtmauer, die einst einen Zwinger, vier Tore und mehrere Türme einschloss. Außerdem finden wir eine 1620 erbaute oberschlächtige Mühle, die letzte ihrer Art in Baden. Zudem sitzen auf der Mauer zwei mächtige Zehntscheuern. Sie gehen auf das 16. Jahrhundert zurück, die jetzigen Gebäude stammen aber von 1764 und 1784.

Danach biegen wir rechts ab in die Ebersteinstraße. Die 1219 und 1243 erwähnte St. Jakobskirche wurde in der Reformationszeit von beiden Konfessionen genutzt, ist aber seit 1640 evangelisch. Sie besitzt eine monumentale Westfassade, die zwischen 1467 und 1471 erbaut wurde. Von 1771 stammen die Decke mit bemaltem Spiegelgewölbe im saalartigen Langhaus und der barocke Dachreiter. Der spätgotische Chor besitzt ein Sternrippengewölbe. Die Innenausstattung geht auf das 15. und 16. Jahrhundert zurück, wobei das kunstvolle Sakramentshäuschen und das ebersteinische Epitaph besonders interessant sind. In der Krypta unter dem Chor hatten die Grafen von Eberstein ihre Grablege.

Über die Ebersteintreppe erreichen wir die Schlossstraße, an der wir uns rechts halten. Nun spazieren wir durch die mittelalterliche Vorstadt »Gass«, in welcher Handwerker und kleine Händler saßen, zum Amthof des Domstifts Speyer. Es ist ein mächtiges Gebäude mit Kellern, einer Küferei und einer Wohnung für den Vogt und wurde 1556 zur Verwaltung des Weinzehnten erbaut. Anschließend gehen wir auf der Ebersteinbrücke über die Murg und durch die Hildastraße zum Kurpark. Danach spazieren wir zurück zur Igelbachstraße und nach rechts zum Ausgangspunkt.

Vorher sollte man allerdings noch den Katz'schen Garten in der Bleichstraße besuchen. Er wurde im Auftrag der reichen Murgschifferfamilie Katz 1803 von einem italienischen Gartenbauarchitekten im Stil des Spätbarock angelegt und mit vielen Kunstwerken von der Spätgotik bis zum Jugendstil ausgestattet. Heute finden wir hier eine außergewöhnliche Flora mit südländischen Pflanzen wie Palmen, Bananen und Feigenbäumen, dazu einen mächtigen Mammutbaum.

Lage/Einwohnerzahl Gernsbach liegt im Murgtal im Nordschwarzwald südöstlich von Rastatt an der B462. Es hat 14 100 Einwohner.

Highlights Das aus der Renaissance stammende alte Rathaus

Tipp Im Katz'schen Garten relaxen und danach im Zentrum einen Kaffee trinken

Informationen www.gernsbach.de

9 Bad Wildbad

Kuren mit Tradition

Bad Wildbad, der nach Baden-Baden bedeutendste Kurort des Nordschwarzwalds, besitzt eine bereits 1345 erwähnte Thermalwasserquelle, woraus sich schon damals ein Badebetrieb mit Frauen-, Bauern-, Herren- und Fürstenbad entwickelte. Der Sage nach wurde sie entdeckt, als ein angeschossener wilder Eber an ihr Linderung suchte. Im 19. Jahrhundert wurde dann ein mondäner Kurort daraus.

Zu den berühmten Gästen des Ortes zählten außer der württembergischen Herrscherfamilie auch Franz von Sickingen und Ulrich von Hutten, einer der ersten Badeärzte war der Dichter Justinus Kerner. Später waren auch Mitglieder der russischen Zarenfamilie, darunter die spätere Königin Olga mit ihrer Mutter, hier zu Gast, außerdem der Komponist Gioachino Rossini, der hier neue Kraft für sein Alterswerk schöpfte.

↑ Vor der Kirche steht ein Brunnen mit einem Wappenträger.
← Auch prächtige Kurstadtarchitektur ist in Bad Wildbad zu finden.

Herrschaftliche Kurstadt mit Schwarzwaldcharme

Das Graf-Eberhard-Bad, heute Palais Thermal, wurde zwischen 1840 und 1847 von dem königlichen Hofbaumeister Friedrich von Thouret im neuromanischen Stil errichtet. Innen findet man die Fürstenbäder und einen maurischen Saal mit arabisierender Einrichtung, teils auch im beginnenden Jugendstil. In die verschlungenen Ornamente sind Verse aus dem Koran eingearbeitet. In den Badehallen sieht man Figuren von Bertel Thorvaldsen und Johann Heinrich Dannecker. Gegenüber auf der anderen Enzseite steht das König-Karl-Bad (1892–1895), heute Haus des Gastes. Es besitzt ein prächtiges Treppenhaus.

Der Kurpark, die 1,5 Kilometer langen Enzanlagen, wurde ab 1699 angelegt. Der Maurische Pavillon entstand 1875 aus Gussteilen aus Wasseralfingen, auf die man wegen der vielen Bauaufträge für die Stuttgarter Wilhelma zurückgreifen konnte.

↑ Mammutbaum vor der Englischen Kirche im Kurpark
← Der Maurische Pavillon ist ein beliebtes Spazierziel.

Kirchliches, bürgerliches und »wanderbares« Bad Wildbad

Die Pfarrkirche wurde zwischen 1746 und 1748, nach dem großen Stadtbrand von 1742, im Auftrag Herzog Carl Eugens von Johann Christoph von Leger im Rokokostil mit einer prächtigen Fassade errichtet. Vor ihr steht ein Brunnen mit der Kopie eines von Erzherzog Ferdinand 1532 gestifteten Wappenträgers.

Das Rathaus wurde 1913/14 als Hotel zum Löwen erbaut, und noch heute besitzt es Schmuckelemente, die an das ehemalige Hotel erinnern. Der Graf-Eberhard-Bau, Ecke Uhland-/Wilhelmstraße, wurde Ende des 19. Jahrhunderts errichtet. Das Hotel Bären kann auf eine reiche Geschichte zurückblicken: Einer seiner Vorgänger, die Herberge »zum Spieß«, kommt bereits in Uhlands Gedicht vom Überfall im Wildbad vor. Hier übernachteten schon berühmte Gäste aus Kultur und Politik.

Die 1907/08 erbaute Bergbahn auf den Sommerberg überwindet einen Höhenunterschied von 300 Metern. Oben lässt es sich fast eben wunderbar wandern – oder den modernen Aussichtsturm und die spektakuläre Hängebrücke besuchen, die einen herrlichen Blick über die weiten Wälder des Schwarzwalds ermöglichen.

Lage/Einwohnerzahl Bad Wildbad liegt im Enztal, zwischen Baden-Baden im Westen und Calw im Osten. Es hat 10 200 Einwohner.

Highlights Eine Fahrt mit der Bergbahn auf den Sommerberg mit einer Besteigung des Aussichtsturmes verbinden

Tipp Je nach Vorliebe ins Palais Thermal zum Baden gehen oder das Rossini Festival besuchen

Informationen www.bad-wildbad.de

10 Calw und Hirsau

Reiche Handelsleute und Mönche

Calw war und ist von der Nagold geprägt. Von hier aus gingen auf ihr Waren in alle Welt. Da Landwirtschaft im engen Nagoldtal kaum möglich war, musste sich die Bevölkerung schließlich etwas einfallen lassen, um sich zu ernähren. Und das waren im Mittelalter Handwerk und Handel. In Calw betrieb man Holz- und Salzhandel und erlangte damit überregionale Bedeutung; es wurden Tannen- und Kiefernstämme über die Flüsse und das Meer nach Holland und England geliefert, wo sie im Schiffsbau Verwendung fanden. Aber auch die Textilindustrie war erfolgreich, denn hier wurde über Jahrhunderte gewebt, gewalkt, gefärbt und gekämmt. Die Tuchherstellung war für die Calwer Zeughandelscompagnie ein gutes Geschäft, und auch das Färben fand auf hohem Niveau statt. Mit zum Erfolg beigetragen hat sicherlich die protestantische Arbeitsethik. Die Calwer waren so erfolgreich, dass die Stadt im 17. Jahrhundert das vielleicht bedeutendste Wirtschaftszentrum Württembergs war.

> *»Zwischen Bremen und Neapel, zwischen Wien und Singapur, habe ich manche hübsche Stadt gesehen, Städte am Meer und Städte hoch auf Bergen, und aus manchem Brunnen habe ich als Pilger einen Trunk getan, aus dem mir später das süße Gift des Heimwehs wurde. Die schönste Stadt von allen aber, die ich kenne, ist Calw an der Nagold, ein kleines, altes, schwäbisches Schwarzwaldstädtchen.«*
>
> Hermann Hesse

Der hier geborene Hermann Hesse, Autor von Büchern wie »Siddhartha«, »Das Glasperlenspiel«, »Der Steppenwolf« und »Narziß und Goldmund«, ist bis heute der weltweit meistgelesene deutschsprachige Schriftsteller des 20. Jahrhunderts. 1946 wurde er mit dem Literaturnobelpreis ausgezeichnet. Auf der Nagoldbrücke hat die Stadt ihrem berühmten Sohn ein Denkmal gesetzt.

Durch das alte Calw

Vom Bahnhof (ZOB) aus gehen wir zuerst zum Handels- und Wohnhaus Reichert in der Bischofstraße 1. Dieses wurde 1788 bis 1790 von Bürgermeister Hasenmayer nach Plänen des herzoglichen Hofbaudirektors Fischer erbaut.

Wenn wir auf der Nikolausbrücke die Nagold überqueren, kommen wir an besagter Hesse-Statue und der gotischen Nikolauskapelle (um 1400) vorbei. Danach führt uns die Marktstraße nach rechts zur Straße Marktbrücke. Haus Jourdan in der Marktstraße 5 wurde 1692 vom Rappenwirt und Chirurgen Tobias Weber erbaut. An seinen Beruf erinnern die Symbole am Portal: ein Becken zum Auffangen von Blut und ein chirurgisches Instrument. Links steht in der Marktstraße 2 das Fachwerkhaus Hammer/Butz.

Wir biegen links ab in die Marktbrücke, dann rechts auf den Marktplatz. Nun sind wir im Fachwerkparadies. Das Rathaus (1454) wurde 1634 bei einem Brand zerstört, danach im 17. und 18. Jahrhundert wiederaufgebaut. Die Stadtbrände gut überstanden hat das Haus Schäberle am Marktplatz Nr. 11, das älteste Gebäude am Markt. Haus Schaber (1692) am Marktplatz 6 hat die Ehre, Hermann Hesses Geburtshaus zu sein. Der nördliche Brunnen auf dem Marktplatz ist mit einem Löwen (1586), dem Calwer und dem herzoglich-württembergischen Wappen bekrönt. Auf dem südlichen Brunnen ist ebenfalls ein Löwe mit dem königlich-württembergischen Wappen zu sehen.

Der Kirchplatz führt hinauf zur Kirche. In der Alten Lateinschule (1695) am Kirchplatz 3 waren die deutsche und die lateinische Schule ansässig. Das Georgenäum (1871) wurde von seinem Stifter Generalkonsul Emil von Georgii-Georgenau zur Hebung der Allgemeinbildung erbaut. Durch die Straße Im Zwinger kommen wir zum Turm Der Lange (1518), dem einzigen erhaltenen Turm der Stadtbefestigung.

Die 1262 erstmals erwähnte Stadtkirche besitzt eine Besonderheit: Auf einer Steintafel steht eine lateinische Inschrift, die übersetzt »Gott selbst ist der Calwer Kirche Schutzherr und Erbauer« bedeutet. Wenn man die großen Buchstaben der lateinischen Schrift als römische Zahlen liest, kommt man auf die Jahreszahl 1627 – das Jahr ihrer Renovierung! In ihr sollte man die Steinkanzel, das Holzdach, das Schnitzgestühl, die

↑ Löwe mit Wappenschild am Marktplatz
← Der Marktplatz ist ein Eldorado für Fachwerkfans.

Empore, die verzierten Pfeiler und die Glasfenster beachten.

Das Gebäude am Marktplatz 22 (nach 1692) wurde ab 1808 als Apotheke genutzt. Nach links kommen wir nach der Biergasse zu Haus Nr. 28, in dem die erste Apotheke der Stadt untergebracht war. In Haus Schüz, Nr. 30, befindet sich heute das Hesse-Museum. Das Gebäude diente im 16. Jahrhundert als Lateinschule, im 17. Jahrhundert als Obervogtei. In den Jahren 1813/14 wurde es als vornehmes Patrizierhaus neu errichtet. Weitere Fachwerkpracht finden wir in der an den Marktplatz anschließenden Altburger Straße.

Im Kaffeehaus in der Postgasse 2 befand sich ab 1808 das erste Postamt Calws. Nach links steht in der Nonnengasse rechts das sehenswerte Haus Linkenheil (1593), links das Haus Schiler (1695), dessen heutiges Erscheinungsbild auf die Zeit um 1850 zurückgeht. Danach halten wir uns rechts in die Torgasse und weiter nach links in die Ledergasse. Hier steht mit Haus Schnaufer (1692/94), Nr. 39, eines der schönsten Fachwerkhäuser der Stadt.

Die Lederstraße führt uns zum Andreaehaus in Nr. 32. Es wurde nach dem Dekan Johann Valentin Andreae benannt, der von 1620 bis 1639 hier wirkte. Es hatte aber auch eine enge Bindung zur Calwer Compagnie, denn hier waren eine Färberei, ein Wolllager und ein Kaufhaus untergebracht. Noch vor ihm spazieren wir auf dem Weinsteg über die Nagold. Hier finden wir in der Bischofstraße 52 ein Steinhaus, das 1694 mit feuerfesten Gewölben erbaut wurde. Da die Geschäftsreisen des Bauherrn Johannes Schill diesen auch nach Bozen führten, orientierte er sich am Südtiroler Baustil. Im Palais Vischer in Nr. 48 wurde die Frau von Ludwig Uhland geboren. Das Haus zeigt sich im Barockstil und wurde 1790/91 von Johann Martin Vischer, dem Chef der Floß- und Holzhandels-Compagnie, erbaut.

Einst sehr bedeutend: Kloster Hirsau

Das vom Calwer Grafen gestiftete Benediktinerkloster Hirsau gehörte einst zu den bedeutendsten, ausgedehntesten und schönsten

Klosteranlagen Deutschlands. Unter dem hochgelehrten Abt Wilhelm entwickelte sich die Abtei im 11. Jahrhundert zu einem der größten und einflussreichsten Klöster in Deutschland. Es mischte auch im berühmten Investiturstreit zwischen Papst und Kaiser mit. Obwohl nur als Ruine erhalten, kann man die auf das Jahr 830 zurückgehende Anlage heute noch erkennen. Das um 1075 neu gegründete Kloster war eines der bedeutendsten geistlichen Zentren im deutschsprachigen Raum, dazu gehörte auch, dass die Regeln und Erkenntnisse der Hirsauer Bauschule durch andere deutsche Benediktinerklöster übernommen wurden. Leider wurde die umfangreiche Anlage 1692 im pfälzischen Erbfolgekrieg von den Truppen des französischen Generals Mélac zerstört.

↑ Der Eulenturm ist mit romanischen Reliefs verziert.
← Blick zum beeindruckenden Schloss in Hirsau

Durch die Ruinen

Nur der hohe und mit fein gearbeiteten Reliefs verzierte Eulenturm ist von den beiden romanischen Türmen der Kirche Sankt Peter und Paul übrig geblieben. Am gotischen Kreuzgang arbeiteten die berühmten Baumeister Peter von Koblenz, Hans Spryß von Zaberfeld und Martin von Urach mit. Der letzte gotische und größere Bau des Klosters war die Marienkapelle am Chor (1508 bis 1516 von Martin von Urach).

Eine besonders beeindruckende Ruine ist das Renaissanceschloss, das 1592 unter Herzog Ludwig von Georg Beer und Heinrich Schickhardt errichtet wurde. Es diente den württembergischen Herrschern als Zufluchtsort in Seuchenzeiten. Durch einen Brand 1692 wurde es aber bis auf die Umfassungsmauern zerstört. Von den einstigen Gebäuden der Anlage sind noch die Wohnung des Klostervogts (unteres Tor), Mühle, Küferei, Pfisterei, Mesnerhaus und der Fachwerk-Klostereingang erhalten.

Die Aureliuskirche wurde nach Verfall der ersten um 830 errichteten Basilika ab 1059 als Säulenbasilika wiederhergerichtet. Hervorragend informiert wird man im Klostermuseum, und wer Kultur genießen will, besucht im Sommer während des Calwer Klostersommers die verschiedenen Veranstaltungen, die in einer besonders stimmungsvollen Open-Air-Kulisse stattfinden.

Lage/Einwohnerzahl Calw liegt an der Nagold und ist über die B463 zu erreichen, das zur Stadt gehörige Hirsau befindet sich nördlich davon. Calw hat 23 600 Einwohner.

Highlights Die Fachwerkpracht in Calw, vor allem am Marktplatz, und das Kloster Hirsau

Tipp Eine Wanderung von Hirsau durch das wilde Schweinbachtal bietet ein bleibendes Erlebnis.

Informationen www.calw.de

11 Gengenbach

Im Fachwerkparadies der Ortenau

Als »Perle unter den romantischen Fachwerkstädten« wurde Gengenbach einmal im Fernsehen bezeichnet, und wer schon einmal hier war, wird dem nicht widersprechen. Ein Fachwerkkleinod ist die Stadt, in der man nicht genug vom Bummeln durch die alten Gassen und in die malerischen Ecken und Winkel bekommen kann.

73/74 n. Chr. legten die Römer hier vermutlich eine Sicherungs-, Verpflegungs- und Übernachtungsstation an. 725 richtete das Kloster Reichenau das Benediktinerkloster Gengenbach ein, welches wiederum um 1230 die Stadt gründete. Sie machte Karriere, denn 1360 wurde Gengenbach Reichsstadt. 1803 kam die Stadt zum Großherzogtum Baden.

Kirchliches Gengenbach

Die Stadtkirche St. Marien wurde im 12. Jahrhundert im strengen Hirsauer Stil erbaut, nach der Zerstörung im Pfälzischen Erbfolgekrieg jedoch 1689 von dem Vorarlberger Baumeister Franz Beer im prächtigen Barockstil wiedererrichtet. Der aufwendig verzierte Turm wurde dann 1716 vollendet. Die reiche Ausmalung stammt von 1896. Sehenswert sind das gotische Heilige Grab (1505), die verzierte Kanzel und das barocke Chorgestühl. Die Brunnenanlage vor der Kirche ist mit einer Barockfigur geschmückt.

Auch die heutige Barockanlage des 725 gegründeten Benediktinerklosters wurde von Franz Beer geschaffen. Das aufwendig

↑ Blick auf den reich verzierten Kirchturm
← Das Zentrum ist eines der schönsten der Ortenau.

↑ Ein Fachwerkhaus ist schöner als das andere.

gearbeitete Portal im Westflügel stammt von etwa 1750. Das Treppenhaus ist im Rokokostil gehalten. Mitten in der Anlage steht der Pinienbrunnen. Bei der Klostermühle sieht man noch das Mühlrad.

Fachwerkpracht, Barock und Rokoko

Der weitläufige Marktplatz ist von prächtigen Gebäuden umstanden. Das Rathaus wurde von dem Ratsmitglied und Baumeister Viktor Kretz 1784 in einem Übergangsstil vom Rokoko zum Barock erbaut. Den Dreiecksgiebel zieren Figuren der Justitia und Prudentia sowie ein mächtiger Adler mit dem Stadtwappen. Die Konsolen unter dem kunstvollen Balkongeländer stellen die damals bekannten Erdteile Europa, Afrika, Asien und Amerika dar. Etwas Einmaliges wird hier in der Vorweihnachtszeit geboten: Die Fassade wird dann mit Bildern in den Fenstern zu einem riesigen Adventskalender, dem weltweit größten seiner Art, umgestaltet.

Die Skulptur auf dem Röhrbrunnen wurde 1582 geschaffen. Sie stützt sich auf ein Schild mit dem Stadtwappen und verweist auf die Reichsstadtprivilegien in ihrer rechten Hand. Die barocke Reichskanzlei (Pfaffsches Haus) steht als einziges Gebäude mit ihrem geschweiften Giebel zur Straße. Sie besitzt ein Portal mit einem säulengestützten Vorbau, daneben führt ein Rundbogeneingang in den Keller. Auf dem Volutengiebel steht eine goldene Madonnenfigur. Aufgrund des Entstehungsjahrs 1699 kann man den Vorarlberger Franz Beer als Baumeister vermuten. Das ehemalige Kauf- und Kornhaus (1796) besitzt ein Renaissanceportal (vor 1689), das mit dorischen Säulen und Pilastern versehen ist. Das Palais Löwenberg (18. Jh.) ist ein Patrizierhaus mit Wappen über dem Portal. Einer der schönsten und malerischsten

↑ Vor dem Rathaus steht der schöne Marktbrunnen.
← Die Stadt ist idyllisch eingebettet in die umliegenden Schwarzwaldhöhen.

Bereiche der Stadt ist die Engelgasse, die von Fachwerkhäusern gesäumt ist. Auch die Gebäude in der Höllengasse sind sehenswert, etwa das Haus Nr. 9 (1653). Im Scheffelhaus in der Höllengasse wohnte der Großvater des Dichters Victor von Scheffel. Er war der letzte Oberschaffner der Reichsabtei.

Die ehemalige Stadtbefestigung (12./13. Jh) wurde später immer wieder den neuesten Verteidigungserfordernissen angepasst. Der größte und stärkste Turm ist der Kinzigtorturm. Sein Türmer war zugleich Zollstelle für die Flöße auf der Kinzig. Im Oberturm findet man heute noch das tonnenschwere Fallgitter. Neben dem zur Stadtseite hin offenen Schwedenturm steht ein mit 1747 datiertes Fachwerkhaus. Wie am offenen Dachgeschoss zu erkennen ist, gehörte es Färbern, denn hier wurden die Stoffe getrocknet. Auf seiner Stadtseite sieht man eine Sonnenuhr und ein Stadtwappen von 1618. Ebenfalls zur Stadtmauer gehören das Haigeracher Tor und der Niggelturm. Er wurde als frei stehender Wach- und Gefängnisturm auf einem Unterbau aus dem 14. Jahrhundert errichtet und sollte das ehemalige Offenburger Tor schützen. Auch im Klosterbezirk findet man Stadtmauerreste. Hier wurde zudem ein Rondell gebaut. Abt Rischer ließ es 1750 zu einem Gartenhaus umbauen, dem Prälatenturm.

Vor der Stadt steht an der Kinzig das ehemalige Bahnwärterhaus, heute Sitz des Flößereimuseums. Davor findet man die Flößerkapelle. Die Friedhofskirche St. Martin wurde im 5. Jahrhundert in der Frankenzeit gegründet und im 17. Jahrhundert umgestaltet. Innen ist sie im Stil der Gotik und des Barock ausgestattet.

Lage/Einwohnerzahl Gengenbach liegt südöstlich von Offenburg an der Kinzig, zwischen den Ausläufern des Schwarzwalds und der Rheinebene. Die Stadt ist über die A5 und die B33 zu erreichen. Sie hat 11 000 Einwohner.

Highlights Das Stadtbild um das Rathaus

Tipp Im Advent den Adventskalender an den Rathausfenstern genießen

Informationen www.stadt-gengenbach.de, www.gengenbach.info

12 Freudenstadt

Gründung nach Plan

Freudenstadt hat in seinem über 400-jährigen Bestehen schon einiges mitgemacht. 1599 wollte Herzog Friedrich I. von Württemberg eine neue Residenzstadt inmitten des Schwarzwalds gründen, um diesen dünnbesiedelten Teil seines Herrschaftsgebiets aufzuwerten. Er beauftragte Baumeister Heinrich Schickhardt, eine Planstadt zu entwerfen. Sie sollte sich an einem Mühlebrettspiel mit einem mächtigen Residenzschloss in der Mitte orientieren.

Bei der Grundsteinlegung der Stadtkirche am 2. Mai 1601 gab der Herzog der Stadt ihren Namen. Geplant war eine Stadt für 3500 Einwohner im Zentrum eines großen württembergischen Reiches, das bis Montbéliard reichen sollte (zum Vergleich: Berlin hatte damals 6000 Einwohner). In den Folgejahren wurden viele von den Habsburgern aus der Steiermark, Kärnten und Krain vertriebene Glaubensflüchtlinge hier ansässig. Mit dem Tod von Herzog Friedrich I. im Jahr 1608 starb jedoch sein Plan mit ihm. Anstatt eines Residenzschlosses besitzt die Stadt nun den mit einer Fläche von 219 mal 216 Metern größten Marktplatz Deutschlands. Freudenstadt wurde später ein bedeutender Kurort mit berühmten Grandhotels. Diese Glanzjahre endeten mit dem Zweiten Weltkrieg: Die Stadt wurde in der Nacht vom 16. auf den 17. April 1945, nur wenige Wochen vor Kriegsende, von den Franzosen fast komplett zerstört.

Vom Marktplatz zum Aussichtsturm

Wir beginnen unsere Besichtigung am Marktplatz. Über der Straße liegt der Schickhardtbau, den Heinrich Schickhardt nach italienischem Vorbild mit Arkaden verziert hat. Danach überqueren wir die Murgtalstraße und gehen hinab zur Adlerterrasse. Dort stehen die Marksteine, die Herzog Friedrich I. bei seinem Umritt um die Markung 1605 setzen ließ. Außerdem bietet sich hier ein schöner Blick ins Christophstal und zu dem mit einem Renaissancestaffelgiebel geschmückten Bärenschlössle. Es erinnert an den seit 1267 bezeugten und vom Stadtgründer Herzog Friedrich I. 1593 neu belebten Bergbau.

Danach überqueren wir die Rappenstraße, biegen in den Wölperwiesenweg ein und erreichen die Straßburger Straße. Sie wurde an dieser Stelle nach den hier flanierenden reichen Kurgästen einst auch »Champagner-Allee« genannt. Auf der anderen Straßenseite kann man das historische Besucherbergwerk besichtigen.

Wer zum Kurhaus will, folgt der Straßburger Straße stadteinwärts. Schöner und interessanter ist jedoch ein kurzer Aufstieg: Dazu spaziert man gegenüber des Hartranftdenkmals auf dem schmalen Weg hinauf zum Kienberg. Das Denkmal erinnert an den Stadtschultheißen, der die Stadt ab 1877 zur bedeutenden Kurstadt ausbaute. Nach dem Aufstieg erreicht man über die Herzog-Friedrich-Straße den Friedrichsturm. Er wurde 1899 zum 300-jährigen Jubiläum Freudenstadts von den Bürgern erbaut und bietet eine prächtige Sicht über die Stadt, den Nordschwarzwald und bei guter Sicht bis zur Schwäbischen Alb.

Hinab zur Stadtkirche

Wir gehen zurück, halten uns rechts in die Friedrich-Ebert-Straße und kommen zum Park Courbevoie. Danach spazieren wir zur Lauterbadstraße, wo sich auf der anderen Seite der Kurgarten befindet. Nun begeben wir uns stadteinwärts zur Reichsstraße.

↑ Mit der kleinen »Bahn« kann man bequem zum Friedrichsturm fahren und die Aussicht genießen.
← Insbesondere Kinder sind von den Wasserspielen am Marktplatz begeistert.

↑ Prächtiges württembergisches Wappen an der Kirche
→ Blick durch die Arkaden zur Kirche

Dort orientieren wir uns rechts, dann in der ersten Gasse noch einmal rechts (am Bürklebrunnen) und gelangen zum Marktplatz und zum 1992 entworfenen Schwarzwaldbrunnen.

Wir halten uns links zur winkelhakenförmig erbauten Stadtkirche (1601–1608). In dieser finden wir verschiedene Stilelemente vereinigt: gotische Fenster, Renaissancepforten, Türme mit welschen Hauben und mittelalterliche Wasserspeier; dies kam daher, dass Baumeister Schickhardt den Auftrag hatte, in der Kirche die mittelalterliche Geschichte des Hauses Württemberg darzustellen. Wenn man die Kirche durch die Fürstenpforte betritt, sieht man links das (zerstörte) württembergische, rechts das Wappen der Fürsten von Anhalt, von denen Friedrichs Gattin Sibylle abstammte. Das Prunkstück der Kirche ist das um 1150 entstandene Lesepult aus dem Kloster Hirsau mit den vier Evangelisten. Der Taufstein wurde etwa 1100 geschaffen und ist mit steinernen Figuren, die den Kampf der Dämonen mit den Lichtkräften darstellen, verziert. Sehenswert ist auch das Kruzifix von 1470.

Zwischen Kirche und Rathaus

Der Barbenbrunnen vor der Kirche erinnert an das Wappen Freudenstadts mit den Barben. Diese karpfenartigen Fische stammen aus der einst württembergischen Grafschaft Mömpelgard (Montbéliard) im Burgund und sind im württembergischen Wappen enthalten. Interessant auf dem Platz sind die fünfzig Fontänen auf einer großen Wasserebene, die an heißen Sommertagen vor allem Kindern viel Spaß machen. Am unteren Teil des Platzes steht das Haus »Zum güldenen Barben«. Es war das erste Haus der Stadt, von ihm ging 1632 der verheerende Stadtbrand aus.

Die Figur auf der 1954 errichteten Wiederaufbausäule wird auch »Hypotheken-Venus« genannt, weil der Wiederaufbau nach 1945 mit erheblicher Schuldenaufnahme verbunden war. Wir überqueren die Loßburger Straße und kommen zum Stadthaus. In ihm sitzt das Heimatmuseum. Das Rathaus (1954) mit seinem hohen Turm steht in der nordöstlichen Ecke des Platzes. Die zwei Brunnen sind der Rathausbrunnen mit dem Standbild des württembergischen Herzogs Carl Eugen (1780) und der Neptunbrunnen von 1763. Von hier aus gehen wir durch die Forststraße zurück zum Ausgangspunkt.

Lage/Einwohnerzahl Freudenstadt liegt im Nordschwarzwald westlich der A81 und ist über die Bundesstraßen B28, B294 und B462 zu erreichen. Es hat 23 600 Einwohner.

Highlights Der Marktplatz mit der Kirche

Tipp Ein Aufstieg zum Friedrichsturm lohnt sich. Dort kann man gut unter der Rosenpergola oder auf der Wiese entspannen, den aussichtsreichen Turm besteigen oder einkehren. Wer nicht zu Fuß gehen möchte: Ab dem Marktplatz fährt ein Traktor-Züglein dort hinauf.

Informationen www.freudenstadt.de

13 Endingen

Prächtige Stadt am Fuß des Kaiserstuhls

Im Zentrum Endingens findet man eine interessante Bebauung aus der Zeit vom 16. bis zum 18. Jahrhundert, viel Fachwerk, Barockbauten, Rundbögen und Rokokoformen. Die Stadtmauer wurde 1285/86 errichtet, als Endingen das Stadtrecht erhielt. Um die Altstadt verläuft noch die in Resten erhaltene äußere Stadtmauer, die 1319 erstmals genannt wurde. Das westliche Königschaffhausener Tor ist das letzte von einst vier Toren; es geht auf das 13. Jahrhundert zurück, wurde 1319 erstmals erwähnt und 1581 erneuert. Sein Dachreiter stammt aus dem 18. Jahrhundert. Im Turm befand sich einst das Stadtgefängnis.

Über die Kirchen …

Die 1256 erstmals erwähnte katholische Pfarrkirche St. Peter wurde 1773 bis 1775 in barockem und klassizistischem Stil von Johann Baptist Häring erbaut und geht auf einen romanischen Vorbau zurück. Über dem Westportal sieht man eine gotische Petrusfigur (Mitte 15. Jh.), die Deckenfresken wurden 1775/1777 geschaffen. Bernhard Löffler gestaltete die Kanzel, die Orgel wurde 1779 von Ferdinand Stieffell erbaut. In den Außennischen sieht man ein Salvatorbild (um 1775) und eine gotische Marienfigur (um 1480). Die Seitenaltäre, Tabernakel und

↑ Endingen weist viele reizvolle Ecken auf.
← Am Marktplatz von Endingen stehen die prächtigsten Häuser.

↑ Stimmungsvoller Markt

↑ Reich geschmückte Eingangstüre der Kirche.
→ Verschiedene Bauepochen und -stile prägen die Stadt.

Kanzel stammen aus dem Rokoko, während die Stuckaturen bereits den Übergang zum Klassizismus zeigen. Johann Pfunner malte die Altarblätter und viele der Deckengemälde.

In der Wallfahrtskirche St. Martin, die einen Chor und einen Chorturm aus der Spätgotik besitzt und deren Langhaus 1846 erbaut wurde, findet man Hochaltarfiguren aus der Werkstatt von Johann Michael Winterhalder (um 1750) und ein reich verziertes Sakramentshäuschen (1471). Über dem Hochaltar sieht man die »Weinende Muttergottes von Endingen«, eine Marienstatue von etwa 1430. Nach dem »Tränenmirakel« von 1615 wurde die Figur mit einer barocken Bekleidung ausgestattet, die Wallfahrt zur »Weinenden Gottesmutter« wird jedes Jahr in der Nacht vor Christi Himmelfahrt durchgeführt. Sehenswert sind auch die Glasfenster. Zwei der Glocken stammen aus dem 13. Jahrhundert.

… zum Rathaus

Das 1527 erbaute Alte Rathaus am Marktplatz/Ecke Hauptstraße ist ein zweigeschossiger Putzbau mit Fenstern aus der Spätgotik, einem barocken Korbbogenportal und schön geschwungenem Volutengiebel aus dem 18. Jahrhundert. Im Ratsaal befinden sich 14 prächtige Glasbilder mit Wappenscheiben der herrschenden Familien. Heute beherbergt es das Kaiserstühler Heimatmuseum.

Die dreigeschossige Kornhalle (Rathaus) am höchsten Punkt des Marktplatzes stammt von 1617. Sie ist mit diamantierten Eckquadern und hohen Staffelgiebeln im Stil der Gotik verziert und vom »Laubenmännli« bekrönt; auch die Renaissance hinterließ Spuren an dem Gebäude. Einst besaß die Kornhalle in allen Geschossen eine durchgehende zweischiffige Halle. Seit 1973 dient sie als Rathaus.

Das Neue Rathaus/Haus Krebs besitzt Rokokoschmuck und ein kunstvoll geschmiedetes Geländer am geschwungenen Balkon; es schließt seit 1775 den Marktplatz nach Norden ab. Das prächtige Barockhaus hat ein repräsentatives Portal und einen Mittelrisalit. Innen ist es reich stuckiert. Früher diente es unter anderem als Apotheke, Rechtsanwaltskanzlei und Schuhfabrik, seit 1936 als Rathaus und heute als Stadtkämmerei.

Der Marktbrunnen aus rotem Sandstein verfügt über eine zierliche Bekrönung aus der Spätgotik. In der Hauptstraße (z. B. Nr. 6), am Marktplatz (Nr. 5), am Peterskirchplatz und in der Sollbruckstraße befinden sich Fachwerkhäuser aus dem 16. bis 18. Jahrhundert. Typisch für den Ort sind die Fußgängerverbindungen zwischen den einzelnen Häuserblöcken.

Nördlich der Hauptstraße liegt der spätgotische, 1483 bis 1495 erbaute Üsenberger Hof, ein zweistöckiges Fachwerkhaus mit prächtigen Fresken von 1495. In ihm sitzen das Vorderösterreichische Museum und die Tourismusinformation.

Der schöne spätgotische Tennenbacher Klosterhof in der Markgrafenstraße ganz in der Nähe des Rathauses besitzt einen eindrucksvollen Staffelgiebel und wurde um 1555 vom Kloster Tennenbach erbaut. Daneben steht die 1847 erbaute Lederfabrik Loesch, die seit 1996 für kulturelle Zwecke genutzt wird. Die Käserei Risch an der Rempartstraße wurde 1901 von Seraphin Risch erbaut; hier befindet sich das Käsereimuseum.

Lage/Einwohnerzahl Endingen liegt westlich der A5 am Nordrand des Kaiserstuhls, nordwestlich von Freiburg. Die Stadt hat 10 000 Einwohner.

Highlights Ein Aufenthalt in der Fußgängerzone am Marktplatz, am besten mit einem Eiskaffee oder einem Kaiserstühler Wein, ist immer ein Genuss.

Tipp Ein Besuch der beiden der Vergangenheit gewidmeten Museen Vorderösterreichisches Museum und Kaiserstühler Heimatmuseum

Informationen www.endingen.de

14 Emmendingen

Herrschaftliche Pracht

Das 1091 zum ersten Mal urkundlich erwähnte Emmendingen kam 1415 an die Markgrafen von Baden und erhielt 1418 das Marktrecht. Goethes Schwager Johann Georg Schlosser war im 18. Jahrhundert hier Oberamtmann und legte mit seinen Reformen den Grundstock für die wirtschaftliche Entwicklung der Stadt in dieser Zeit.

Kirchliches, ...

Die evangelische Stadtkirche geht auf einen spätgotischen Vorgängerbau von 1491 zurück. Von diesem ist noch der vom Freiburger Münsterbaumeister Hans Niesenberger erbaute netzgewölbte Chor erhalten. Das Langhaus stammt vom Großherzoglichen Oberbaudirektor Friedrich Weinbrenner (1813–1815), der neugotische Turm wurde 1858/59 erbaut. Bei der Inneneinrichtung sollte man das spätgotische Altarkreuz und die vielen Grabplatten der Familie Baden-Hachberg beachten, darunter das lebensgroße Grabrelief des Markgrafen Karl II. von Baden und Hachberg (†1574). Das nebenan stehende evangelische Pfarrhaus wurde 1828 im klassizistischen Weinbrennerstil errichtet. Die katholische Pfarrkirche St. Bonifatius wurde 1863 von Heinrich Hübsch erbaut. Ihr gemalter Flügelaltar von 1473 wird dem Nördlinger Maler Friedrich Herlin zugeschrieben.

... herrschaftliches ...

Das Markgrafenschloss in der Kirchstraße 7 ging aus dem 1574 errichteten Hof des Klosters Tennenbach hervor. 1590 wurde es von Markgraf Jakob III. bezogen. Im selben Jahr fanden hier die Emmendinger Religionsgespräche zwischen Vertretern der beiden Konfessionen statt. Es besitzt einen achteckigen Treppenturm mit Fachwerkaufbau und Zwiebelhaube.

Angebaut an das Schloss war die Synagoge, deren einstiger Standort heute durch farblich abgesetzte Pflastersteine markiert ist. Hinter dem Schloss finden wir in einem verwunschenen Gartengrundstück die ehemalige Mikwe (Tauchbad) der jüdischen Gemeinde. Gegenüber dem Schloss steht das Lenzhäuschen, ein aus der Erbauungszeit des Schlosses stammendes Sommerhäuschen. Es ist nach dem Dichter der Sturm-und-Drang-Zeit Jakob Michael Reinhold Lenz benannt, der 1777 bis 1779 hier gelebt hat. Das Neue Schloss wurde 1789/90 im Stil des Klassizismus als Witwensitz erbaut, aber nie bezogen. Später diente es als Landvogteigebäude.

... und bürgerliches Emmendingen

Der anlässlich der Eröffnung der Bahnlinie Offenburg–Freiburg 1845 erbaute Bahnhof ist eines der ältesten Gebäude seiner Art. Das Alte Rathaus (1729) ist mit einem Uhrtürmchen und einem kunstvoll verzierten Balkongitter mit den Wappen der Markgrafen von Baden aus dem Rokoko und einer Büste des Markgrafen Karl Wilhelm von Baden (18. Jh.) geschmückt.
Um den Marktplatz finden wir noch weitere barocke Häuser. Das Schlosserhaus, ehemals Gremppischer Hof, kam 1588 in den Besitz

↑ Heimelige Atmosphäre mit blumengeschmückten Fachwerkhäusern
← Im Zentrum findet man eine prachtvolle barocke Architektur.

MCM
XXIX

↑ Idylle pur: Hier stand einst die Mikwe.
← Sehenswert ist das Niederemmendinger Tor.

↑ Kunstvoll verziertes Balkongitter am Alten Rathaus

des Markgrafen, der es als Wohnsitz für seine obersten Beamten verwendete. Von 1774 bis 1787 wohnte hier zum Beispiel der Oberamtmann Johann Georg Schlosser, der mit Johann Wolfgang von Goethes Schwester Cornelia verheiratet war. Als Gäste sah das Haus unter anderem Herzog Karl August von Weimar, Jakob Michael Reinhold Lenz, Johann Georg Jacobi, Johann Caspar Lavater sowie zweimal Goethe selbst, der seine Schwester besuchte.

Das Niederemmendinger Tor ist das einzig erhaltene von ursprünglich vier Stadttoren. Es stammt von Anfang des 17. Jahrhunderts. An seiner Außenseite ist es mit prächtigen Wappen geschmückt. Stadtmauerreste sind beim Evangelischen Gemeindehaus in der Hebelstraße und beim Fußgängersteg im Goethepark zu sehen. Das Gasthaus Krone-Post hatte hohe Besuche zu verzeichnen, machte doch 1770 Erzherzogin Marie-Antoinette von Habsburg auf ihrem Brautzug nach Paris hier Station. Auch Goethes Sohn August übernachtete hier 1830 auf seiner Reise nach Italien.

Hinter dem Neuen Rathaus liegt der 1835 durch den Brauereibesitzer Wilhelm Stuck im Stil französischer Landschaftsgärten angelegte Goethepark. An die bereits erwähnten Besuche des Dichters erinnert die Goethesäule. Besuchenswert ist auch der Park, der aus einem Ende des 16. Jahrhunderts außerhalb der Stadtmauer angelegten »Tummelgarten« hervorging.

Lage/Einwohnerzahl Emmendingen liegt etwa 14 Kilometer nördlich von Freiburg östlich von A5 und B3. Die Stadt hat 28 000 Einwohner.

Highlights Das prächtige Stadttor sucht seinesgleichen.

Tipp Etwas Besonderes und Einmaliges ist das Museum des Deutschen Tagebucharchivs e. V.

Informationen www.emmendingen.de

15 Donaueschingen

Mit Schloss und Donau

An was denkt man zuerst, wenn man Donaueschingen hört? Vermutlich an die Donau, die nach Meinung der Donaueschinger hier ihren Ursprung hat. Donaueschingen ist aber auch als Residenzstadt der Fürsten zu Fürstenberg bekannt, von deren Hinterlassenschaften das mächtige Schloss und der ausgedehnte Schlosspark zeugen.

1283 erhielt Graf Heinrich von Fürstenberg von Rudolf von Habsburg die Grafschaft Baar und Donaueschingen als Lehen – und weil damit auch das Recht verbunden war, Bier zu brauen, war dies der Ursprung der Fürstlich Fürstenbergischen Brauerei. 1488 kauften die Grafen von Fürstenberg den Ort Donaueschingen, 1806 gelangte er zusammen mit dem Fürstentum an das Großherzogtum Baden.

Die bürgerliche Stadt wurde am 5. August 1908 durch einen großen Brand zerstört, sodass jenseits des Residenzbereichs keine ältere Bausubstanz mehr zu finden ist. Das historische Stadtbild in der Innenstadt zeigt deshalb ein interessantes Stilgemisch aus Historismus und Jugendstil.

Fürstliches, Kirche und Donauquelle

Im barocken Fürstlich Fürstenbergischen Schloss kann man prächtige Salons mit wertvollen Ausstellungsstücken bewundern. Es stammt von 1722/23; damals verlegte Fürst Joseph Wilhelm zu Fürstenberg seine Residenz von Stühlingen in die Stadt. Das heutige Aussehen entstand zwischen 1893 und 1898.

↑ Die Stadtkirche wurde im »böhmischen Stil« errichtet, typisch dafür ist die gelbe Farbe.
← Blick über die Donaubrücke zur Fürstlich Fürstenbergischen Brauerei

Zwischen dem Schloss und der Stadtkirche St. Johann findet man die neben dem Schloss bedeutendste Baulichkeit Donaueschingens: die sogenannte Donauquelle. Diese soll im Jahre 15 v. Chr. von Tiberius, dem späteren römischen Kaiser, besucht worden sein. Die kunstvolle Fassung wurde Ende des 19. Jahrhunderts geschaffen. Die beeindruckende Großskulptur stammt vom Bildhauer Adolf Heer aus Vöhrenbach. Sie stellt dar, wie die »Mutter Baar« ihrer Tochter, der »jungen Donau«, den Weg nach Osten weist.

An der Stelle, an der sich der Donaubach, welcher aus der Donauquelle gespeist wird, mit der Brigach vereinigt, steht der 1910 nach den Vorstellungen Kaiser Wilhelms II. in antik-griechischem Stil erbaute Donautempel. Der Schlosspark wurde um 1820 im französischen und englischen Stil angelegt. Heute beeindrucken der alte Baumbestand, die Teiche und Wasserläufe. Außerdem sind zahlreiche historische Denkmäler zu sehen.

Weitere sehenswerte Gebäude der Fürsten sind der Marstall (1780), die Hofbibliothek (1732–1735), das Archiv (1756–1763) und der Karlsbau (1868) am Karlsplatz 7. In ihm sind die Fürstlich Fürstenbergischen Sammlungen ausgestellt. Gezeigt werden in einem reizvollen altertümlichen Charme naturkundliche und historische Objekte sowie zeitgenössische Kunst.

Kirchliches …

Die im böhmischen Barockstil erbaute Stadtkirche St. Johann (Baptist) mit ihrer weiß-gelben Außengestaltung fällt durch ihre markanten und das Stadtbild beherrschenden Zwiebeltürme auf. Sie wurde 1724 bis 1747 nach Plänen des Prager Baumeisters Maximilian Kaňka errichtet. Dass die Fürstenberger Beziehungen nach Böhmen hatten, war der von dort stammenden Gemahlin des damaligen Fürsten zu verdanken.

↑ Prächtiges Wappen über dem Eingang der Stadtkirche
← Die sogenannte Donauquelle wurde prachtvoll gestaltet.

Besonders sehenswert sind unter anderem der Hochaltar (1750), zwölf schön gearbeitete monumentale Apostelfiguren (1753) und eine holzgeschnitzte Madonna (um 1525). Diese wird dem Schöpfer des Breisacher Schnitzaltars, Hans Loy, zugeschrieben.

... und bürgerliches Donaueschingen

Eines der ältesten Gebäude der Stadt ist das Kapfererhaus (Ende 16. Jh.). Es gehörte zwar erst dem Freiherrn Ernst von Schellenberg, verdankt seinen Namen aber dem späteren Bewohner, dem fürstlichen Leibarzt Kapferer. In der Karlstraße, die nach dem Brand baulich von Jugendstil und Historismus geprägt wurde, sind viele Häuser mit Elementen aus dieser Zeit geschmückt, ebenso in der Moltke- und der Zeppelinstraße. Der Musikantenbrunnen auf dem Rathausplatz wurde vom Aachener Künstler Bonifatius Stirnberg geschaffen. Er ist besonders bei Kindern beliebt, denn die Figuren können sogar bewegt werden. Der Entwurf des 1904 von dem Karlsruher Bildhauer Wilhelm Sauer geschaffenen Diana-Brunnens stammt von Kaiser Wilhelm II. persönlich.

Lage/Einwohnerzahl Donaueschingen liegt im Südwesten des Landes auf der Baar, am Ostrand des Schwarzwalds an der B33 und westlich der A81. Die Stadt hat 22 100 Einwohner.

Highlights Die sogenannte Donauquelle, wo Mutter Baar ihrer Tochter Donau den Weg zum Schwarzen Meer weist

Tipp Für Musikfreunde ein Besuch der Donaueschinger Musiktage, dem ältesten Festival für zeitgenössische Kunstmusik

Informationen www.donaueschingen.de

16 Bad Säckingen

Stadt der Trompeten

Bad Säckingen liegt am südlichen Rand des Hotzenwalds an der Grenze zur Schweiz und ist nur durch den Hochrhein von ihr getrennt. Die Stadt wurde 878 als Seckinga erstmals urkundlich erwähnt. Sie entstand rund um das Kloster, welches wohl im 7. Jahrhundert gegründet wurde. Nach den Wirren des Dreißigjährigen Krieges und den nachfolgenden Auseinandersetzungen kam die Stadt 1805 zum Großherzogtum Baden.

Über das Münster …

Vom Bahnhof aus folgen wir der Albert-Gersbach-Allee zum Rhein und halten uns rechts. Der dicke Gallusturm wurde 1343 nach einem Hochwasser als Wellenbrecher errichtet und gehört zu der noch teilweise erhaltenen mittelalterlichen Stadtbefestigung. Danach folgt in der Rheinallee der 1976 geschaffene Gallusbrunnen mit einer Skulptur des hl. Gallus mit einem gezähmten Bären.

Die Straße zieht nach rechts und wir erreichen die Rückseite des Fridolinsmünsters. Dort sehen wir eine große Skulptur mit einer menschlichen Figur und dem Tod, auf der anderen Seite das Grabmal des Trompeters von Säckingen, der durch das 1854 erschienene Versepos von Joseph Victor von Scheffel berühmt wurde. Der mit schönen Malereien verzierte Alte Hof entstand aus karolingischen Vorgängerbauten und war ab dem 14. Jahrhundert Sitz der Fürstäbtissin des Damenstifts. Diese nahm den Rang einer Reichsfürstin ein.

... und die Holzbrücke ...

Hinter ihm steht der Hiddigeigeibrunnen, der an den legendären Kater aus dem »Trompeter von Säckingen« erinnert. Das folgende Palais Landenberg (1825) fungiert seit 1850 als Rathaus. Nach links kommen wir am spätgotischen Stiftsgebäude vorbei. Wieder am Rhein sehen wir die gedeckte Holzbrucke, die hinuber ins schweizerische Stein führt. Mit über 200 Metern Länge gilt die Ende des 13. Jahrhunderts erbaute und 1571 bis 1590 erneuerte Brücke als längste gedeckte Holzbrücke Europas.

Am Rhein spazieren wir nach rechts zum 1864 neugotisch umgebauten Diebsturm, der Ende des 17. Jahrhunderts Teil der Schönau'schen Schlossanlage war. Hier gehen wir nach rechts hinauf in die Parkanlage. Das barocke Teehäuschen links ist ein etwa 1720 erbauter Gartenpavillon. Seine Fresken zeigen Szenen aus der antiken Mythologie.

... zum Trompeterschloss

Rechts davon erreichen wir Schloss Schönau, wo Joseph Victor von Scheffels Versepos vom Trompeter von Säckingen spielt. Das von Hans Kaspar von Schönau erbaute Wasserschloss wurde nach dem Stadtbrand von 1678 in seine jetzige Form umgebaut. 1715 erhielt es innen reiche Stuckaturen. Heute sitzen hier das Hochrheinmuseum

↑ Der Narrenbrunnen reizt zum Schmunzeln.
← Das Trompeterschloss liegt in einer Parkanlage.

↑ Der dicke Gallusturm wurde als Wellenbrecher errichtet.

und das Trompetenmuseum mit der größten Trompetensammlung Europas.

Nach links gehend erreichen wir den Tanzenplatz, halten uns rechts, folgen der gleich nach links ziehenden Straße und kommen zur Holzbrücke. Dort steht der auch Scheffelhaus genannte Hallwylerhof, der 1601 als Amtssitz des Komturs des Deutschen Ordens erbaut wurde. In ihm wohnte 1850/51 Victor von Scheffel. Nun folgen wir der Rheinbrückstraße nach links und passieren das reich mit Stuckaturen und einem Marienbildnis geschmückte Rokokohaus (1762 datiert) sowie das um 1600 erbaute Haus Zum Falken.

Nach rechts kommen wir wieder zum Fridolinsmünster, einer dreischiffigen Basilika mit markanten Zwillingstürmen. Das Münster wurde in der Gotik (13./14. Jh.) erbaut und 1751 barockisiert. Heute ist es innen in vornehmem Weiß gestaltet. Einen eindrucksvollen Kontrast dazu stellen die farbigen Marmoraltäre, die großen Deckenfresken, die Orgel und die Kanzel mit ihrem Träger dar. Sehenswert sind auch die prächtigen Stuckaturen und Putten von dem Wessobrunner Johann Michael Feuchtmayer und die Fresken von Franz Joseph Spiegler. Die Krypta wurde in karolingischer Zeit erbaut. In der Fridolinskapelle werden die

↑ Das Fridolinsmünster besitzt eine reiche Ausstattung.

↑ Skulptur des Trompeters von Säckingen

→ Die gedeckte Holzbrücke führt in die Schweiz.

Gebeine des hl. Fridolin in einem Silberschrein aufbewahrt. Beachten sollte man außerdem die verschiedenen Epitaphe an der Choraußenwand, darunter das von Franz Werner Kirchhofer (1633–1690) und seiner Frau Maria Ursula von Schönau (1632–1691), die historischen Vorbilder von Scheffels Liebesepos.

Unter den prächtigen Bürgerhäusern am Münsterplatz sticht das Haus Zur Fuchshöhle (16. Jh.) hervor. Seine Fassadenmalerei (1904) zeigt Motive aus dem Scheffelepos. Die anderen Häuser wurden überwiegend nach dem Stadtbrand 1678 erbaut. Nach links kommen wir zur Rheinbrückstraße und zum Narrenbrunnen mit lustigen Skulpturen. Nun halten wir uns rechts, danach in der Metzgergasse noch einmal. In der Steinbrückstraße orientieren wir uns links, dann sollten wir einen Blick nach rechts in die Rheinbadstraße werfen. Nach rechts erreichen wir die 1987 erstellte Geschichtsstele, welche die wichtigsten Episoden aus der Stadtgeschichte zeigt. Zurück zum Bahnhofsplatz spazieren wir nach links.

Lage/Einwohnerzahl Bad Säckingen liegt an der B34 am Hochrhein an der Grenze zur Schweiz. Es hat rund 17500 Einwohner.

Highlights Im Bereich um den Münsterplatz und das Münster lässt es sich bestens bei einem Glas Wein oder einem Kaffee entspannen.

Tipp Wer sich für Musik interessiert, sollte sich unbedingt die Trompetensammlung im Schloss Schönau ansehen, dazu passt ein Besuch der Kammermusikabende oder ein Musical im Gloria-Theater.

Informationen www.bad-saeckingen.de

Vom Heilbronner Land bis ins Gäu

Herrenberg gehört zu den schönsten Fachwerkstädten der Gegend; hier der Blick zum Marktplatz.

frauenhof

17 Bönnigheim

Prächtige Stadt am Rande des Naturparks

Von Weinbergen umgeben und den Naturpark Stromberg-Heuchelberg ganz in der Nähe – die ehemalige Ganerbenstadt Bönnigheim ist zweifellos verwöhnt mit ihrer Lage. Sie wurde bereits 793 im Codex des Klosters Lorsch erwähnt. Die Herrschaft Bönnigheim gelangte 1133 in staufischen Besitz. 1232 kam Bönnigheim an das Erzbistum Mainz, später war es ein Lehen des Klosters Hirsau, welches den Ort 1284 an das Kloster Bebenhausen verkaufte, um damit seine Schulden zu bezahlen. Damals wurde Bönnigheim bereits als »civitas«, also als Stadt, genannt. Es wurde dann ummauert und mit Türmen befestigt. 1288 kaufte Kaiser Rudolf von Habsburg »die obere Burg Mogenheim und die stat Bunnenkeim« dem Konrad von Magenheim ab, welcher es bis dato als Lehen des Erzbistums Mainz innehatte. Anschließend überließ er es seinem Sohn Graf Albrecht von Löwenstein. Seit 1379 war Bönnigheim Ganerbenstadt und unter mehreren Besitzern aufgeteilt, von 1391 bis 1750 stand es unter der Lehensherrschaft des Mainzer Erzbischofs. 1517 wurde Bönnigheim in einen Gemminger, einen Neipperger, einen Liebensteiner und einen Sachsenheimer Teil geviertelt.

Früher führte der alte Handels- und Verkehrsweg vom Donaubecken ins Rheintal durch das Städtchen und brachte Leben und Wohlstand mit sich. So bauten sich hier auch italienische Kaufmannsfamilien, beispielsweise der Südfrüchtehändler Johann Baptista Brentano vom Comer See im 18. Jahrhundert, prächtige Häuser. Damals gab es auch 24 Gasthäuser und Weinstuben sowie eine Umspannstation für Kutschen.

Durch die vier Quartiere

Die Stadt selbst wurde als regelmäßiges Rechteck, das durch ein Straßenkreuz in Viertel geteilt war, erbaut. Dies ist auch heute noch zu erkennen. Im Sachsenheimer Viertel an der westlichen Stadtmauer steht am Burgplatz 2/3 die Ganerbenburg. Sie wurde 1188 als »Castrum Bienike« erstmals urkundlich erwähnt, als Kaiser Friedrich I. Barbarossa mit König Alfons III. von Kastilien hier einen Vertrag schloss.

Das Steinhaus im Meiereihof 7 ist der ehemalige Mainzer Hof und stammt im Kern von etwa 1200. Heute sitzt hier das Schwäbische Schnapsmuseum. Das Fachwerkhaus in der Bechergasse 7 wurde im Jahr 1100 erstmals genannt und gehörte ursprünglich zur großen Hofanlage des Bebenhäuser Hofes (1620/21). Das Gebäude in der Ringstraße 7 ist ein giebelständiges Fachwerkhaus mit geschnitzten Fensterrahmen, Schwellen und reicher Verzierung (bezeichnet 1528). Ehemals ein herrschaftliches Haus, wurde es dann zur Färberei, der »Alten Färb«. Am nördlichen Ende der Hauptstraße liegt der Obere Torturm (Köllesturm) aus dem 13. Jahrhundert.

Im Gemminger Viertel steht die frühgotische Stadtkirche St. Cyriakus; sie wurde 1100 erstmals in einer Stiftungsurkunde

↑ Beim Schloss steht der St.-Georgs-Brunnen.
← Das Stadion'sche Schloss ist eine Rokokoanlage.

↑ Blick zur Kirche St. Cyriakus

🡑 Blick zum Köllesturm
🡐 Das wohl schönste Fachwerkhaus der Stadt

erwähnt. Ihre spätgotische Innenausstattung blieb wie in kaum einer anderen evangelischen Kirche in Württemberg erhalten, so beispielsweise der Hochaltar und der fünfjochige prachtvolle Lettner aus Sandstein (um 1430/40). In der Kirche befindet sich auch ein Tafelbild der Barbara Schmotzerin, die mit ihren 53 Kindern als kinderreichste Frau gilt, die je in Deutschland gelebt hat. Der giebelständige Fachwerkbau in der Kirchstraße 22 ist die älteste Apotheke der Stadt (16. Jh.).

Das stattliche Stadion'sche Schloss wurde 1756 im Rokokostil an der Stelle des alten Liebensteiner Schlösschens vom Mainzer Baumeister Anton Haaf, einem Schüler von Fischer von Erlach, erbaut. In diesem Schloss wurde der erste deutsche Frauenroman geschrieben: die »Geschichte des Fräuleins von Sternheim« von Sophie von La Roche, die ab 1769 mit ihrem Mann Georg Michael von La Roche und ihren fünf Kindern hier wohnte. Georg Michael von La Roche war der illegitime Sohn von Graf Stadion und verwaltete nach dessen Tod hier zwei Jahre als Amtmann die Herrschaft Bönnigheim. Auch er betätigte sich als Autor. Sophie wurde in ihren schriftstellerischen Arbeiten von ihrem Vetter und einstigen Verlobten Christoph Martin Wieland unterstützt. Sie war übrigens die Großmutter der Dichter Clemens Brentano und Bettina von Arnim.

Das Forstgefängnis für Waldfrevler und Wilddiebe stammt wie das Schloss von 1756. Heute sitzen hier die erste Vinothek der Region Stuttgart und das Museum Sophie La Roche. Vor dem Schloss befindet sich der St.-Georgs-Brunnen, ein Vier-Röhren-Stockbrunnen mit Säule und Reiterfigur von Jakob Müller (1594).

Lage/Einwohnerzahl Bönnigheim liegt zwischen Ludwigsburg und Heilbronn in der Nähe der B27 und östlich des Naturparks Stromberg-Heuchelberg. Es hat 8100 Einwohner.

Highlights Ein Besuch des Schnapsmuseums samt Verkostung; interessant ist auch die Sonderabteilung mit der europaweit einzigartigen Ausstellung zum Thema »Nachgeburtsbestattung«.

Tipp Ein Besuch bei einem der Feste, z. B. des frühsommerlichen Brunnenfests oder der Museumsnacht

Informationen www.boennigheim.de

18 Besigheim

Zwischen Enz und Neckar

Erstmals urkundlich erwähnt wurde die prächtige Fachwerkstadt 1153 als »Curtis Basincheim«, als es vom Elsässer Kloster Erstein an den Markgrafen Hermann von Baden überging, um dessen bis Backnang reichende Besitzungen zu sichern. Die Markgrafen erhoben den Ort zur Stadt und verliehen ihm das Marktrecht. Nach vielen Besitzerwechseln kam Besigheim dann 1595 endgültig zu Württemberg.

Wir beginnen unsere Besichtigung westlich der Stadt am Parkplatz P7 am linken Enzufer. Auch der Bahnhof ist von hier nicht weit. Nach der Enzbrücke folgen wir kurz der Hauptstraße, dann steigen wir auf einer Treppe hinauf zum Marktplatz mit seinen prächtigen Fachwerkhäusern.

Fachwerkpracht im Zentrum

Das mit 1459 datierte Rathaus war ursprünglich ein Kaufhaus mit Fronwaage, Fruchtkasten und Gerichtslaube. Das Dreigiebelhaus gleich daneben wurde zwischen 1486 und 1501 erbaut und hatte ursprünglich drei Besitzer. Die Stadtapotheke wiederum geht auf drei Vorgängergebäude an dieser Stelle zurück, die 1494 erstmals genannt wurden. 1661 richtete man in dem Haus eine »Gewürz- und Apothekenhandlung« ein. Der prächtige Brunnen auf dem Marktplatz trägt eine Figur aus dem späten 16. Jahrhundert. Auf dem Schild sieht man ein Wappen der Markgrafen von Baden. Links vom Rathaus finden wir einen Rest der Stadtmauer.

↑ Blick in die schönste Fachwerkgasse der Stadt
← Besigheim baut sich wie eine Spielzeugstadt über der Enz auf.

Nach links kommen wir zum Amtsgericht (1571). In diesem herrschaftlichen Anwesen saß seit 1683 die geistliche Verwaltung und ab 1821 das Oberamtsgericht. Weiter an der Stadtmauer entlang erreichen wir das Gemeindebackhaus von 1820. Nun spazieren wir weiter bis zur Pfarrgasse, wo wir links das Pfründhaus (1461) sehen. Das mit verblattetem Fachwerk und Fenstererker errichtete Gebäude diente den Chorherren des Stiftes Baden als Pfründhaus, 1596 kam es in den Besitz des badischen Obervogtes von Reitzenstein.

Zum mächtigen Schochenturm

Wir halten uns in der Pfarrgasse rechts zu einem Fachwerkhaus (1403) und zum evangelischen Dekanat. Es wurde 1527 von einem »Metzger Knoll« erbaut und 1582 an die Herrschaft Baden verkauft, 1584 schenkte es der Markgraf dem Obervogt von Reitzenstein. Ab 1596 diente es als Pfarrhaus. Das daran anschließende Alte Pfarrhaus war bis 1964 Wohn- und Amtssitz des zweiten Ortspfarrers. Im um 1220 erbauten und um 1413 erstmals erwähnten Alten Steinhaus wohnten früher die Vögte der badischen Markgrafen. Später diente es als Fruchtkasten und Amtsgefängnis. Danach erreichen wir das Stadttor (Oberes Tor, 1581) und den Schochenturm mit dem dahinter liegenden Wehrgraben. Der 26 Meter hohe Schochenturm besitzt Mauern, die unten vier und oben dreieinhalb Meter dick sind. Er wurde um 1220 vom badischen Markgrafen Hermann V. erbaut, sein Eingang befindet sich in zehn Metern Höhe im dritten Stock.

Nun spazieren wir zurück zur 1279 erstmals genannten Sankt-Cyriacus-Kirche. Ihr 13 Meter hoher und sieben Meter breiter Hochaltar von 1525 ist ein Meisterwerk gotischer Schnitzkunst und wird Meister Christof von Urach zugeschrieben. In der nördlichen Chorwand sieht man Wandmalereien (um 1380). Die Deckenfresken in der Seitenkapelle vor dem Chor links stammen vielleicht von Jörg Ratgeb.

Idyllische Ecken

Hinter der Kirche befindet sich ein Aussichtspunkt, von dem man einen schönen Blick ins Neckartal hat. Danach kommen wir zur Schule am Steinhaus – es handelt sich um eine ehemalige Lateinschule, die bereits 1457 erstmals erwähnt wurde. Wir gehen eine Treppe hinab, dann schlendern wir durch die Kirchstraße zurück und lassen den Charme des alten Städtchens mit seinen lauschigen Ecken, sehenswerten Gassen und schönen Fachwerkhäusern auf uns wirken.

Bald nach der Schule sehen wir rechts einen weiteren Rest der Stadtmauer. Anschließend gehen wir nach rechts durch die Schlossstraße zum ehemaligen Oberamtsgebäude (1908). Nun halten wir uns links und spazieren in der Oberamteigasse entlang der Mauer mit den aufgesetzten kleinen Häuschen weiter. Auch hier sieht man einige schöne Fachwerkhäuser, unter anderem die 1686 erbaute Stadtschreiberei.

Nach diesem prächtigen Fachwerkhaus nehmen wir das linke, parallel etwas aufwärts führende Gässchen und biegen dann nach links in die Türkengasse ein. Auch hier finden wir schöne Gebäude. Wir stoßen auf die Kirchstraße, wo wir uns rechts halten. Vor uns, an der Verzweigung Kirchstraße/ Entengasse, steht ein sehenswertes Ensemble herrlich renovierter Fachwerkhäuser aus dem 17./18. Jahrhundert.

↑ Steinhaus und Schochenturm am Rand des Zentrums

← Liebevolle Details schmücken viele Gebäude.

↑ Reich verzierte Uhr am Rathaus

Wir spazieren die Entengasse entlang und können kurz darauf in der Straße Bühl nach rechts zu einem weiteren Backhäuschen gehen. Die Entengasse bringt uns dann zur Hauptstraße, wo wir uns links halten. An der Ecke steckt der Waldhornturm, der um 1220 von Markgraf Hermann von Baden erbaut wurde und seinen Namen der Gaststätte gleich daneben verdankt.

Gegenüber in der Hauptstraße finden wir die Stadthalle Alte Kelter. Rechts von ihr gehen wir die Stufen hinab zur Straße Vorstadt, wo wir das Pulvertürmle sehen. Es ist ein Eckturm der einstigen inneren Mauer von 1220. Wir halten uns links, kommen an der ehemaligen Schellenmühle sowie an Handwerker- und Kleinbauernhäusern vorbei. Dann steigen wir wieder hoch zur Hauptstraße und orientieren uns rechts, gehen aber gleich in die nach links abzweigende Kirchstraße, in der wir noch einige Fachwerkhäuser bewundern können. Schließlich biegen wir kurz vor dem Marktplatz nach rechts in die Aiperturmstraße ab, in der es einige schöne Gebäude zu sehen gibt, ehe wir zurück zur Hauptstraße gelangen und auf ihr zurück zur Enzbrücke gehen.

Lage/Einwohnerzahl Besigheim liegt zwischen Ludwigsburg und Heilbronn, wo die Enz in den Neckar fließt. Erreichbar ist es über die A81 und die B27. Es hat 12 700 Einwohner.

Highlights Die Fachwerkpracht um den Marktplatz und in der Kirchstraße

Tipp In der Kirchstraße sitzen, einen einheimischen Wein trinken und die vorbeiflanierenden Passanten beobachten

Informationen www.besigheim.de

19 Marbach am Neckar

Schiller- und Literaturstadt

Marbach am Neckar ist nicht nur als Geburtsort von Friedrich Schiller bekannt, sondern auch als idyllische Kleinstadt mit vielen sehenswerten Ecken. Der Ort wurde 972 als Marcbach erstmals genannt. Im 10. und 11. Jahrhundert gehörte die Stadt den Bischöfen von Speyer und lag im Gebiet der Calwer Grafen. Bereits im Jahr 1009 richteten die Bischöfe mit kaiserlicher Genehmigung einen Markt und eine Münzstätte ein; Marbach gehörte damit zu den ersten Siedlungen Südwestdeutschlands mit diesem Privileg. Mitte des 13. Jahrhunderts kam der Ort teilweise an die Herzöge von Teck, die ihn zwischen 1244 und 1282 zur Stadt erhoben. Die Württemberger kauften hier zuerst 1285 Güter, dann 1302 den ganzen Ort und machten ihn zur Amtsstadt. Im Bauernaufstand des »Armen Konrad« spielte Marbach eine besondere Rolle, denn die mit den Bauern sympathisierenden Städte trafen sich hier zum »Marbacher Städtetag« und legten ihre Forderungen in 41 Artikeln nieder. Diese fanden ihren Niederschlag im Tübinger Vertrag, den Herzog Ulrich noch im selben Jahr unterzeichnete. In der Stadt wurde außer Schiller auch der Astronom Tobias Mayer geboren. Von überregionaler Bedeutung sind das Schiller-Nationalmuseum und das Deutsche Literaturarchiv sowie das Literaturmuseum der Moderne.

Durch die Stadt

Wir beginnen unseren Rundgang durch die seit 1983 unter Denkmalschutz stehende

Altstadt am Cottaplatz. Unweit steht die spätgotische Alexanderkirche, eine der bedeutendsten gotischen Kirchen des Landes. Da sie außerhalb der Stadtmauer lag, war sie stark befestigt. Ihr Chor ist ein Frühwerk des Baumeisters Aberlin Jörg (1450). Ihr Mittelschiff besitzt hohe, schlanke Säulen und ein feingliedriges Netzgewölbe mit kunstvollen Schlusssteinen. Im hohen Chor sieht man spätgotisches Maßwerk. Sehenswert sind die reich geschmückte steinerne Kanzel (1480), das in Resten vorhandene Chorgestühl, das Christopherusfresko und der Sakristeischrank.

Danach geht es in der Straße Am Alten Markt hinab. Das Seelhaus (Armenhaus) auf der linken Seite wurde 1611 errichtet und nach 1693 zur Lateinschule umgebaut. Das übernächste Haus mit dem blaugrauen Fachwerk ist das ehemalige Gerberhaus (1578), das älteste, vollständig erhaltene Wohngebäude der Stadt.

Nach der Bottwartalstraße und dem Cottaplatz gehen wir nach rechts die Niklastorstraße hoch. Rechts steht das Gasthaus »Zum Goldenen Löwen«, das Geburtshaus von Schillers Mutter (1732). Danach kommen wir zu Schillers Geburtshaus. Es wurde nach dem Stadtbrand 1693 neu erbaut und 1859 von Christian F. Leins verändert. Die Figur des Wilde-Mann-Brunnens soll der sagenhafte Stadtgründer »Mars Bacchus« sein.

Am Anfang der Unteren Holdergasse steht links das 1698 erbaute ehemalige

↑ Blick durch die Marktstraße, die Hauptader der Stadt, zum Oberen Torturm
← Im mittleren der drei Fachwerkhäuser wurde Friedrich Schiller geboren.

↑ Der Wilde-Mann-Brunnen
← Die Alexanderkirche steht vor der Stadt.

↑ Blick hinauf zum Kirchturm

Diakonat. Das Fachwerkhaus (1696) links davon war von 1754 bis 1806 Sitz der geistlichen Verwaltung. Gehen wir weiter, sehen wir das Beginenhaus (1700–1702) in der Unteren Holdergasse 4. Danach steht rechts zwischen den Gebäuden Nr. 36 und Nr. 38 noch ein Stück Stadtmauer mit Wehrgang, hinter Nr. 38 finden wir den Haspelturm. Danach folgen wir der Mittleren Holdergasse nach links und betrachten zahlreiche kleine, dicht gedrängte Häuser von Ackerbürgern und Weingärtnern. Nr. 16 ist ein typisches Weingärtnerhaus von der Zeit nach 1700. An Nr. 4 ist eine Porträtplastik des Hausbesitzers, des Steinmetzen Christian Probst, angebracht. Nun folgen wir wieder der Niklastorstraße nach links zur Kirche. Rechts von ihrer Rückseite finden wir das mit zwei Porträtplastiken geschmückte Rathmannsche Haus. In der Ölmühle Jäger, einem technischen Kulturdenkmal, ist die Anlage von 1906 voll betriebsfähig.

Das heutige Erscheinungsbild der Stadtkirche geht auf Umbaumaßnahmen in den Jahren 1698 bis 1700 nach den Stadtbränden zurück, das mit 1602 datierte Wendeltreppentürmchen stammt aus der Renaissance. Links an ihr vorbei kommen wir zur Marktstraße. An der Ecke links steht das Schatzhaus, in dem man 1986 1004 Goldmünzen aus der Zeit von 1340 bis 1385 fand. Nun orientieren wir uns rechts. Auf der linken Seite steht das arkadengeschmückte klassizistische Rathaus (1760–1763). Im Erdgeschoss befanden sich eine Halle mit Kaufhaus, Verkaufstischen für Bäcker und Metzger sowie der Salzstadel. Weitere sehenswerte Häuser sind die Apotheke in Nr. 22, die ehemalige Stadtschreiberei in Nr. 34 sowie Nr. 47, ein für den Wiederaufbau nach dem Stadtbrand 1693 typisches Haus. Am Ende der Marktstraße steht in der Straße Auf den Felsen der Heinlische Hof 1 (1688), das einzige Gebäude innerhalb der Stadtmauer, das den Brand von 1693 überstand. Das Physikatshaus in Nr. 53 ist mit einem farbigen Württemberger und Marbacher Wappen verziert.

Nun orientieren wir uns links in die Ludwigsburger Straße und gleich noch einmal links in die Strohgasse. An Haus Nr. 14 ist die Porträtplastik des Handelsmannes Dietrich Wunderlich (1678) angebracht. Das Interims-Rathaus dahinter wurde nach dem Brand im Jahr 1693 bis 1763 als solches verwendet. Daneben steht die mit einem farbigen Wappen geschmückte Geistliche Verwaltung (1700). Nach rechts kommen wir zum Graben- oder Bärentor, links schließt sich der Diebs- oder Malefizturm, das einstige Gefängnis, an.

Wir folgen der Bärengasse zurück zur Marktstraße, in der wir uns nach rechts wenden. Das Gebäude in der Marktstraße 24 besitzt eine geohrte Türe, am Portal sieht man das Wappen des Handels-

↑ Viele der kleinbürgerlichen Häuser besitzen herrliches Fachwerk.
→ Das Literaturmuseum der Moderne residiert in einem spektakulären Bauwerk.

mannes Wolfgang Friedrich Renz und die Jahreszahl 1717. Die Marktstraße 15 ist am Rundbogenportal mit der Hausmarke des Handelsmannes Georg Ehrenreich Schroll geschmückt, auch an weiteren Häusern entdecken wir solche Hausmarken. Danach folgen wir der Oberamteigasse nach rechts zum Kelterplatz. An der Vogtei in der Strohgasse 5 sehen wir ein farbiges Wappen und einen Engelskopf. Links vor ihr steht in der Strohgasse 3 der einstige Fruchtkasten von 1534, der 1698/99 als Zehntscheuer überbaut wurde. Außerhalb an der Grabenstraße erhebt sich an der Stadtmauer der Rondell-/Zwingerturm.

Zurück in der Marktstraße halten wir uns rechts. Ein Abstecher nach links in die Rosengasse, dann nach rechts durch den Göckelhof, führt uns zum Geburtshaus des Astronomen Tobias Mayer (1723–1762). Hier wird an den Autodidakten, der Professor für Mathematik und Leiter der Universitätssternwarte in Göttingen wurde, erinnert. Danach halten wir uns in der Marktstraße links. Haus Nr. 8 ist das Wohnhaus der Familie Kodweiß und das Geburtshaus von Schillers Großvater Georg Friedrich Kodweiß. Die spätgotische Wendelinskapelle (1433 erwähnt) besitzt viereckige, maßwerkverzierte Chorfenster und im Chor freistehende Gewölberippen.

Nun können wir den fast 40 Meter hohen, 1290 erstmals erwähnten Oberen Torturm bewundern. An ihm sieht man das seltene Allianzwappen von Herzog Carl Alexander und seiner Gemahlin Maria Augusta, geborene Fürstin von Thurn und Taxis. Wer die 95 Treppenstufen hinaufsteigt, wird mit einem herrlichen Blick auf die Stadt belohnt. Wenn wir uns gleich nach dem Turm rechts halten, kommen wir zum Schlosserker (1594), danach zum Bürgerturm. Dieser ist ein ehemaliger Wehrturm, der früher im Stadtgraben stand. Dieser wurde zugeschüttet, samt dem unteren Teil des Turmes. Deshalb liegen auch die Schießscharten direkt über dem Boden.

Nach bürgerlicher Häuserpracht zur Literatur

Anschließend überqueren wir die Straße und spazieren in zehn Minuten zur Schillerhöhe. Dort finden wir mit dem Schiller-Nationalmuseum ein großes Literaturmuseum. Es wurde von 1901 bis 1903 im Stil eines barocken Schlosses erbaut. Daneben stehen das Deutsche Literaturarchiv und das Literaturmuseum der Moderne. Im Park gibt es außerdem ein aus dem Material erbeuteter französischer Kanonen des Krieges 1870/71 gegossenes Schillerdenkmal zu sehen.

Lage/Einwohnerzahl Marbach liegt nördlich von Stuttgart oberhalb des Neckars. Es hat 15 900 Einwohner.

Highlights Man sollte die Atmosphäre der alten Gassen mit den kleinbürgerlichen Häusern, insbesondere um die Holdergassen, auf sich wirken lassen.

Tipp Ein Besuch von Schiller-Nationalmuseum und Literaturmuseum der Moderne

Informationen www.schillerstadt-marbach.de

20 Schorndorf

Stadt des Fachwerks und der »tapferen Weiber«

Aufgrund der verschiedenen Brände in früheren Zeiten hat sich in Schorndorf zwar nicht viel an sehr alter Bausubstanz erhalten, trotzdem bietet die Stadt insgesamt ein malerisches Bild mit zahlreichen Fachwerkhäusern und vielen engen, verwinkelten Gassen. Man schlendert zwischen sehenswerten Gebäuden mit interessanter Geschichte und kann immer wieder bemerkenswerte Einzelheiten wie schöne Türen, Portale und Pforten sowie Neidköpfe an den Hauswänden und Konsolen entdecken.

Schorndorf wurde 1235 im Zusammenhang mit dem staufischen Ritter Dieterich von Schorndorf erstmals erwähnt, jedoch war bis 1250 das benachbarte Winterbach das wichtigere Zentrum des mittleren Remstals. Noch vor 1250 gelangte Schorndorf von den Staufern an die Württemberger, 1250 wurde es von Graf Ulrich I. zur Stadt erhoben. Etwa um diese Zeit wurde auch die Stadtmauer erbaut, welche die Stadt gegen die benachbarten Reichsstädte Esslingen und Gmünd, aber auch Aalen und Hall absichern sollte.

Im Mittelalter war Schorndorf eine der bedeutendsten Städte Württembergs und nahm nach Stuttgart, Tübingen und Urach den vierten Rang ein. Unter Herzog Ulrich wurde es zwischen 1538 und 1544 zu einer der württembergischen Landesfestungen ausgebaut. Als es 1634 im Dreißigjährigen Krieg von den Schweden besetzt war und von den Kaiserlichen belagert wurde, brannte es fast vollständig ab. Die Episode mit den »tapferen Weibern von Schorndorf«

spielte sich im Pfälzischen Erbfolgekrieg ab: Im Jahr 1688 wollte der französische General Mélac Schorndorf sowie auch andere Städte Württembergs besetzen und zerstören. Die Männer in der Stadt waren bereit, sich zu ergeben, nicht aber die Frauen. Unter der Führung der Bürgermeistergattin Barbara Walch-Künkelin verteidigten sie erfolgreich die Stadt. 1798 verlor Schorndorf seinen militärischen Status, die Festung wurde rückgebaut und die bürgerliche Stadt konnte sich entwickeln.

Über den Marktplatz zur Kirche

Wir gehen vom Bahnhof aus über den Unteren Marktplatz zum Rathaus, das auf dieser Seite das Mosaik der »Schorndorfer Weiber« von Hans-Gottfried von Stockhausen zeigt. Das Rathaus, ein stattliche Rokokogebäude, wurde von 1726 bis 1730 vom herzoglichen und Kirchenrats-Baumeister Georg Friedrich Majer erbaut, der auch am Bau des Ludwigsburger Schlosses beteiligt war. Über dem Portal sieht man das Stadtwappen und eine lateinische Inschrift, die übersetzt lautet: »Dieses Haus ist Gott geweiht – das Schorndorfer Rathaus nach neun Decennien und zwei Jahren aus der Asche wiedererstanden im Jahre 1726«.

Um den Marktplatz finden wir eine Reihe sehenswerter Fachwerkhäuser wie das Wohnhaus (1650) der besagten Barbara Walch-Künkelin, die den Aufstand der »Weiber von Schorndorf« anführte. Der Marktbrunnen geht auf einen bereits 1478

↑ Blick zur Stadtkirche
← Der lebhafte Markt vor der Palmschen Apotheke

↑ Skulpturenschmuck an der Stadtkirche

erwähnten Brunnen zurück. Sein 1773 geschaffener gusseiserner Trog ist mit den Wappen von Bürgermeistern und anderen Amtspersonen verziert.

Vom Marktplatz aus spazieren wir nach rechts in Richtung Stadtkirche. Links liegt die Häusergruppe »Im Sack«. Entstanden ist der Gebäudekomplex von Ackerbürgerhäusern, als man nach dem Schmalkaldischen Krieg Protestanten, die aus Österreich vertrieben worden waren, hier an der Mauer ansiedelte. Das Haus Im Sack 3 (um 1604) ist mit einer Konsole mit einem Frauenkopf verziert. Nr. 5 ist ein ehemaliger Wehrturm, der zu den 18 Türmen der Stadtmauer gehörte, denn die Häuser sitzen mit ihrer Rückseite auf der Stadtmauer auf.

Wir spazieren dann auf der linken Seite der Kirche über den Kirchplatz. Die ehemalige Vogtei wurde laut Inschrift 1682 erbaut. Bis 1835 war es das Amtshaus des Vogts, später des Oberamtmanns, danach diente es als Dekanat. Teile des Erdgeschosses der Lateinschule stammen vermutlich noch vom ersten Gebäude (1562). Der Chronist Martin Crusius berichtete 1595, dass beim Ausgraben des Kellers die Gebeine der hingerichteten Anführer des Bauernaufstands des Armen Konrad gefunden wurden. Daran erinnert eine als Beil gestaltete Tafel am Eingang. Die bereits 1357 genannte Schule besuchten unter anderem Gottlieb Daimler und der Flugzeugkonstrukteur Ernst Heinkel. Heute befindet sich hier das Stadtmuseum.

Die von 1477 bis 1501 von Aberlin Jörg erbaute Kirche wurde nach dem großen Brand 1634 im Jahr 1655 erneuert. Einst war sie nach den Stiftskirchen in Stuttgart und Tübingen die drittgrößte Württembergs. Im spätgotischen Chor sieht man ein schönes Netzgewölbe. Ein anderes Netzgewölbe, jenes in der nordöstlichen Marienkapelle, zeigt die Verästelung des aus der Brust Christi aufsteigenden Stammbaums (Wurzel Jesse, nach 1510). Vielleicht war hierfür der

↑ Die ehemalige württembergische Landesfestung ist eine wehrhafte Anlage mit dicker Ummauerung.
← Blick auf die Schorndorfer Fachwerkpracht

auch vom Stephansdom in Wien bekannte Baumeister Anton Pilgram verantwortlich. Weiter sehenswert sind die Kanzel (1660), ein Altar (1739), die Epitaphe, die Rokoko-Altarschranken, das Kruzifix am Triumphbogen und die Aufsatzschüssel am Taufstein (1960 von Ulrich Henn). Auch außen ist die Kirche reich verziert, vor allem an den Pforten des Schiffs und an der Außenseite des Chors sind viele Details wie Profile, Maßwerk, Laub- und Astwerk zu sehen.

Über den Marktplatz zum Schloss und zu Daimlers Geburtshaus

Hinter der Kirche steht in der Schlichtener Straße das Haus mit den vier Neidköpfen. Das Erdgeschoss des Hauses mit den vier Kopfkonsolen, die das Böse abwehren sollen, wurde wohl um 1500 erbaut, der Rest um 1680. Am ehemaligen Diakonatshaus (um 1600) sieht man prächtiges Fachwerk. Links von Haus Nr. 10 beginnt die Römmelgasse, wo weitere bemerkenswerte alte Häuser warten, etwa das Haus auf der Mauer (1730), Nr. 18, das Haus am Gumpbrunnen, Nr. 14 (1685), mit einem gusseiserner Brunnen davor, oder das Weingärtner- und Rotgerberhaus (um 1550), Nr. 10.

Zurück am Marktplatz wenden wir uns den zwei prächtigen Fachwerkhäusern auf dessen Ostseite zu: Die hochgiebelige Palmsche Apotheke wurde etwa 1660 auf einem Steinsockel von 1553 errichtet und 1696 sowie 1735 umgebaut. Das benachbarte Haus entstand um 1650, das beide verbindende Zwerchhaus 1696. Gegenüber steht die Gauppsche Apotheke, welche 1663 erbaut wurde, nachdem der Vorgängerbau beim Stadtbrand von 1634 zerstört worden war. Auch sie ist ein hochgiebeliger Fachwerkbau.

Wir folgen der Johann-Philipp-Palm-Straße, passieren einen Brunnen und kommen zum Spitalgebäude. Es besitzt eine prächtige Fachwerkfassade und war Sitz des ehemaligen Spitals zum Heiligen Geist, das vor 1420 als Altenheim und Waisenhaus gegründet wurde. Über dem schönen Portal (1558) sieht man die Wappen der Stadt und des Spitals. Das klassizistische Stadtarchiv in der Archivstraße 2 wurde zwischen 1785 und 1788 erbaut. Da man es feuerfest gestalten wollte, erhielt es eiserne Fensterläden und die Decken waren mit Steinplatten belegt.

Danach gehen wir nach rechts in die Meierei des Spitals (1685–1688). Auf der gegenüberliegenden Straßenseite liegt die Straße Ochsenberg, in der noch ein Überbleibsel der um 1250 erbauten Stadtmauer zu sehen ist, dahinter steht das Burgschloss, der Rest der ehemaligen Festung. Es wurde von 1538 bis 1544 von Herzog Ulrich von Württemberg mit den vier Rundtürmen erbaut und gehörte zu den einst sieben Festungen Württembergs. 2000 Facharbeiter und Tagelöhner waren bis 1544 mit dem Bau beschäftigt. Durch die fast zwei Kilometer lange Wallmauer war die Schorndorfer Festung die teuerste aller von Herzog Ulrich erbauten Landesfestungen.

Vom Schloss aus gehen wir nach Norden zurück zur Johann-Philipp-Palm-Straße. Das Jagdschloss beziehungsweise die Obervogtei wurde 1555 unter Herzog Christoph als Nebenresidenz und Amtssitz des Obervogts errichtet. Der westliche Flügel ist von König Friedrich (1754–1816) als Jagdschloss eingerichtet worden. Wir gehen weiter in Richtung Marktplatz, biegen aber nach rechts in die Konstanzer-Hof-Straße ein. Wo diese auf die Höllgasse trifft, steht links der Konstanzer Hof. Es wurde 1483 erstmals erwähnt, als das Konstanzer Domkapitel hier einen Pfleghof einrichtete. In der Höllgasse steht ein reizvolles Ensemble alter Fachwerkhäuser, darunter das Geburtshaus von Gottlieb Daimler (um 1700) und das Restaurant zum Pfauen (1660). Über der Tür des Pfauen ist eine Kartusche mit Brezel und dem Namen Johannes Hum(m)el angebracht. Das Hintere Bad rechts davon wurde um 1550 als Dampfbad, Badestube, Friseurstube, Wundarztpraxis und Gaststätte errichtet. Das heutige Haus mit dem prächtigen Eingangsportal stammt aus der Renaissance (1724). Über dem Eingang steht der Spruch »Dieu tout et nous rien« (»Gott ist alles und wir nichts«). Danach spazieren wir zurück zum Bahnhof.

↑ Inschrift an der Palmschen Apotheke
← Heimelige Ecke an der Kirche

Lage/Einwohnerzahl Schorndorf liegt östlich von Stuttgart im Remstal und ist über die B29 zu erreichen. Es hat 39 800 Einwohner.

Highlights Beeindruckend ist der Marktplatz mit dem Brunnen und den beiden Apotheken. Insbesondere samstagmorgens zu Marktzeiten ist dies ein bleibendes Erlebnis.

Tipp Originell ist eine Kostümführung, beispielsweise mit Gottlieb oder Emma Daimler.

Informationen www.schorndorf.de

21 Leonberg

Stadt mit berühmtem Garten

In der Zeit um 1248/49 wurde Leonberg (genannt »Levinberch«) als militärischer Stützpunkt von Graf Ulrich I. von Württemberg gegen die Stauferstadt Weil der Stadt gegründet. Im Reichskrieg gegen Graf Eberhard I. unterwarf sich Leonberg 1312 der Reichsstadt Esslingen; zu ihr gehörte sie dann vier Jahre lang. Historisch bedeutsam war das Jahr 1457, als hier der erste württembergische Landtag tagte. Im Bauernkrieg spielte Leonberg in den Jahren 1514 und 1525 eine wesentliche Rolle. Düster war die Zeit von 1619 bis 1621, als die Mutter des großen Astronomen Johannes Kepler als Hexe angeklagt wurde. Der Sohn setzte sich für eine gute Verteidigung ein, die, auch dank der Standhaftigkeit der Keplerin, ein glückliches Ende fand. Der heute noch berühmte Pferdemarkt wurde 1684 von Herzog Friedrich Carl genehmigt.

Herrschaftliches Leonberg: Schloss und Pomeranzengarten

Wir beginnen mit einem Stadtrundgang am Bahnhof, gehen nach Norden die Mühlstraße hinab und nach der querenden Rutesheimer Straße nach rechts hinauf zum bereits sichtbaren Schlosskomplex.

Davor liegt der Pomeranzengarten, einer der wenigen noch erhaltenen von diesen in der Renaissance beliebten Terrassengärten. Die Grundidee der Formen – vielfältige, kleine symmetrische Einheiten – geht auf italienische Vorbilder zurück. Der Garten sollte aber nicht nur der »Lust« dienen, sondern man wollte aus ihm Blumenschmuck, Obst und Küchenkräuter für die herzogliche Tafel sowie Heilkräuter ernten. Anstatt der erst geplanten zwei Wasserbassins ließ der Baumeister Schickhardt den achteckigen Brunnen mit Obelisk, vier wasserspeienden Löwenköpfen und vier ebenfalls wasserspeienden Delfinen erbauen. Der Garten wurde für die Herzoginwitwe Sibylla, die Tochter des Fürsten Joachim Ernst von Anhalt, angelegt. Als ihr Gatte Friedrich I. starb, zog sich Sibylla, »auf ihr freundliches Ansinnen und Begehr«, ein Jahr später auf ihren Witwensitz im Leonberger Schloss zurück.

Vom Garten gehen wir hinauf zum Schlosshof und orientieren uns rechts. Am Platz der ehemaligen Stadtmauer können wir einen Blick hinab ins Glemstal und zum ehemaligen Zwinger werfen, zudem sieht man den Rest eines Turms. Nun gehen wir den Schlosshof entlang. Die ehemalige Burg wurde 1248/1249 erbaut, rund 100 Jahre später aber von einem Erdbeben zerstört. 1500 ist die Anlage erstmals als Schloss erwähnt worden. Unter Herzog Christoph wurde sie 1560/65 umgebaut und diente im 17. Jahrhundert als Witwensitz der Württemberger. Hier lebte auch Schillers Mutter von 1796 bis 1801 als Witwe.

In die alte Stadt

Wir gehen nun zur Kirche. Ihrer Westseite gegenüber steht das Barfüßerhaus, das spätere städtische Spital. In ihm wohnten im 14./15. Jahrhundert Franziskaner aus Esslingen. Von 1487 bis 1552 befand sich hier das erste Spital, also das Alten-, Armen- und Krankenhaus.

Jetzt spazieren wir an der Kirche rechts vorbei und halten uns danach links. Das Eckhaus (15. Jh.) war das Pfarr- und Totengräberhaus. Nach der Reformation wohnte hier der Diakon, der es 1572 allerdings »ein alt, ellend, liederlich, baufällig und melancholisch Haus« nannte. Mit der Abwehrfratze (15. Jh.) im Stützbalken sollten böse Geister abgeschreckt werden. Wir biegen nach der Kirche nach links ab, rechts sehen wir in der Pfarrstraße 1 Keplers Schule. 1541 wurde die »Schola Leomontana«, die Lateinschule, eingerichtet. Heute findet man hier das Stadtmuseum.

Kirchliches Leonberg

Danach schauen wir uns die Stadtkirche an, die Baustile vom 14. bis zum 19. Jahrhundert zeigt: Das Mittelschiff stammt aus der Romanik; Vorhalle, Chor, Pfeiler und die Fenster sind aus der Gotik. Sie besitzt prächtige Renaissancegrabmäler aus der

↑ Schildhalter mit württembergischen Wappen am Marktbrunnen
← Prächtige Fachwerkhäuser flankieren den Marktplatz.

Werkstatt des Leonberger Bildhauers Jeremias Schwartz und seiner Söhne. Die Renaissancekanzel und der Altar sind in Schwarz und Gold gehalten.

Wir spazieren weiter hinab zum evangelischen Diakonats- beziehungsweise Pfarrhaus. Hier wurde der Philosoph F. W. J. Schelling (1775–1854) geboren. Danach steht links das evangelische Dekanat. Wir halten uns rechts und spazieren durch eine schmale Gasse. Links unterhalb der Mauer befindet sich der Kreuzgang des 1467 von Graf Eberhard erbauten Franziskanerklosters. 1552 zog das Spital ein. Der Kreuzgang besitzt gotische Maßwerkfenster.

Dahinter gehen wir die Klosterstraße nach rechts hinauf. Linker Hand sehen wir einen malerischen Hof, in dem Weingärtner, Tagelöhner, Kleinbauern und Handwerker lebten. Danach halten wir uns links in die Zwerchstraße. Haus Nr. 16 ist die Anfang des 13. Jahrhunderts gegründete Esslinger Katharinenpflege, in welcher deren Einnahmen verwaltet wurden. Das stattliche Gebäude gegenüber wurde 1584 erbaut. In der querenden Schmalzstraße wohnten die einfachen Leute. Ein gutes Beispiel ist Haus Nr. 10 mit der Jahreszahl 1586 über dem Torbogen: Der Stall war im Erdgeschoss, die Wohnung im ersten Stock, das Dachgeschoss diente als Scheune.

Wir spazieren weiter zum etwa vier Meter breiten Hinteren Zwinger. Er verlief zwischen der inneren und äußeren Stadtmauer und zeigt die Größe der alten Ummauerung. Ein Teil der Stadtmauer mit Wehrgang und Schießscharten ist noch mit den vollen vier Metern Höhe erhalten.

Über den Schwarzen Adler zum Marktplatz

Rechts hinauf geht es zur Graf-Ulrich-Straße. Der Schwarze Adler rechts wurde 1351 als Steinhaus erwähnt und ist der älteste Leonberger Profanbau. Erst in adeligem Besitz war er im 15. Jahrhundert Pfleghof des Klosters Bebenhausen. Danach gehörte er dem Herzog von Württemberg, der ihn zum Wohnsitz seines Obervogts

↑ Barocke Gartenpracht im Pomeranzengarten

bestimmte. Der Fachwerkaufsatz stammt aus dem 15./16. Jahrhundert.

Rechts in der Schmalzstraße 2 steht das Reiterhäusle (16. Jh.). Diese fränkische Hofanlage mit zwei großen Rundbogentoreinfahrten beherbergte Stallungen und Unterkünfte für Berittene. Links an der Ecke steht das vom Stadtschreiber Jacob Korn erbaute Kornsche oder Stadtschreiberhaus. Es besitzt einen runden, innen bemalten Renaissancetreppenturm (1609).

Wir gehen etwas zurück und biegen am Kornschen Haus rechts ab zum Marktplatz. Er ist von prächtigen alten Fachwerkhäusern umrahmt. Im Haus Nast tauschten Hölderlin und seine Jugendliebe Luise Nast ihre Verlobungsringe – »… die Tage, die ich in Leonberg zubrachte, waren zu schön«, schrieb Hölderlin dazu. Allerdings hielt die Verlobung nicht lange, denn Hölderlin schickte seinen Verlobungsring nach seinem Studienbeginn in Tübingen wieder zurück. Im Keplerhaus am Markplatz 11 wohnte von 1575 bis 1579 der berühmte Astronom Johannes Kepler mit seinen Eltern, ab 1584 lebte die Familie dauerhaft in Leonberg.

Das Alte Rathaus (1480) am Marktplatz 9 besitzt ein alemannisches Fachwerk mit Schwäbischer-Mann-Konstruktionen und Verblattungen. Sein Fruchtboden diente auch als Wäschetrockenplatz und Turnraum für den ersten Leonberger Turnverein, außerdem war es Kauf- und Lagerhaus, Festsaal mit Schenke und Tanzboden. Das Salzhaus (um 1580) besitzt einen Renaissanceschweifgiebel, unter dem das »weiße Gold«, das Salz, lagerte. Der bereits im 15. Jahrhundert erwähnte Marktbrunnen besitzt eine Brunnenfigur, die vom Bildhauer Leonhard Baumhauer 1566 aufgestellt wurde. Das Haus am Marktplatz 3 (15. Jh.) war das erste Rathaus. Hier tagten unter dem Namen »Armer Konrad« 1514 die aufständischen Bürger. In Haus Bruckmann (bez. 1584) am Marktplatz 2 residierte die erfolgreiche Kaufmannswitwe Louise Bruckmann, die 1902 ihr Kolonialwarengeschäft an ihren Sohn weitergab und selbst im Kreditgeschäft und im Wertpapierhandel tätig war.

Unterhalb der Häuser Nr. 3 und Nr. 5 biegen wir nach rechts in die Oberamteistraße ein. Nr. 13 ist die einstige Zehntscheuer der Universität Tübingen und besitzt reiches Zierfachwerk. In den Keller der Alten Oberamtei in der Oberamteistraße 7 passten 18 000 Liter Wein. Das mittelalterliche Haus Beutelspacher in der Oberamteistraße 9 besitzt einen prächtigen Renaissancegiebel mit Zierfachwerk.

In der querenden Zwerchstraße halten wir uns links, dann gleich noch einmal. Hier im Törlensweg sieht man noch die mittelalterliche Stadtbefestigung: die Stadtmauer mit den auf ihr aufsitzenden Häusern, den teilweise noch gedeckten Wehrgang, die Zwingermauer und eines der einst elf Rondelle. Nun gehen wir zurück zur Zwerchstraße, nach links die Stufen hinab und nach rechts durch den Pomeranzengarten zurück zum Ausgangspunkt.

Lage/Einwohnerzahl Leonberg liegt westlich von Stuttgart im Zwickel zwischen A8 und A81. Es hat 48 800 Einwohner.

Highlights Der Pomeranzengarten, eine wohl einmalig erhaltene Gartenanlage aus der Renaissance, sollte unbedingt besucht werden. Besonders schön ist er natürlich im Frühjahr und im Sommer.

Tipp Eine Wanderung hinauf zum Engelbergturm, der eine prächtige Aussicht bietet; man sollte sich aber vorher nach den Öffnungszeiten erkundigen.

Informationen www.leonberg.de

22 Weil der Stadt

Zwischen den Mauern ein reizvoller Kern

Erstmals genannt wurde die Stadt 1075 als Besitz der Grafen von Calw und des Klosters Hirsau. Als die Stadt zwischen 1223 und 1241 an der Kreuzung zweier Fernstraßen durch den Stauferkaiser Friedrich II. gegründet wurde, kam zum Ortsnamen das Beiwort »statt« hinzu. Der Stadtname wurde künftig als »wile der statt«, »Weylerstatt«, »Stattwil« und schließlich, nach der Erhebung zur freien Reichsstadt 1275 durch Kaiser Rudolf I., »Reichsstatt Weyl« geschrieben. Nach dem Verlust der Reichsfreiheit lautete der Name zunächst Weil die Stadt, ab 1862 auf Beschluss des Gemeinderats dann Weil der Stadt – und so heißt die Stadt bis heute. Es wurde zwar die lutherische Lehre eingeführt, nach 1573 war aber die Gegenreformation erfolgreich. Als katholische Stadt hat Weil der Stadt auch eine alte »Fasnetstradition«. Rückschläge waren der große Brand am 18. Oktober 1648 in den letzten Tagen des Dreißigjährigen Krieges und das Ende der Reichsunmittelbarkeit 1802.

Kapellen und Tore

Vom Bahnhof aus folgen wir der Poststraße zur 1889 im Stil der Neugotik erbauten evangelischen Brenzkirche. Dort überqueren wir die Paul-Reusch-Straße und gehen durch die Poststraße zur Unteren Klostergasse, wo wir uns rechts orientieren. In der querenden Pforzheimer Straße können wir einen kurzen Abstecher nach rechts zur Grabenstraße machen. Hinter ihr steht die

1739 geweihte Heilig-Kreuzkapelle, die ein spätgotisches Kruzifix des Ulmer Bildhauers Michel Erhart besitzt.

Wir gehen anschließend wieder zurück und biegen nach rechts in die Zwingergasse ein, die gleich darauf nach links zieht. In der querenden Besengasse steht rechts das Antoniustor. Es entstand 1926 aus Torfragmenten des alten Stuttgarter Bahnhofs und wurde in die Stadtmauer eingebaut. Weiter im Süden sehen wir rechts das Judentor (1534 erwähnt), das einzige erhaltene Stadttor. Wir biegen links ab und folgen der Calwer Gasse zur Herrenberger Straße. Hier können wir einen kleinen Umweg nach rechts zur spätgotischen Wendelinskapelle machen.

Über den Marktplatz zur Kirche

Nun gehen wir durch die Herrenberger Straße zurück zum Marktplatz. Die ihn umgebenden Gebäude wurden nach dem Stadtbrand 1648 erbaut. Der Löwe auf dem Unteren Marktbrunnen (1603) trägt das Adlerschild als Hoheitszeichen der Stadt. In der Mitte des Platzes steht ein Denkmal für Johannes Kepler (1870), den berühmtesten Sohn der Stadt. Am Oberen Marktbrunnen (1537) vor dem Rathaus sehen wir eine Skulptur von Kaiser Karl V. (1669), welcher der Stadt das Recht verlieh, ein Weggeld zu erheben. Das Rathaus wurde 1582 erbaut und nach dem Brand 1669 wiedererrichtet. Seine rundbogigen Lauben dienten früher

↑ Brunnenfigur von Kaiser Karl V. vor dem Rathaus
← Blick durch die Stuttgarter Straße zur Kirche

↑ Dem großen Stadtkind Johannes Kepler ist am Marktplatz ein Denkmal gewidmet.

als Markthalle. An der Westseite ist das Reichswappen, an der Südseite das Wappen der Stadt angebracht.

Das Gallsche Haus am Marktplatz 16 wurde 1793 im Stil des österreichischen Spätbarocks vom letzten Bürgermeister der Freien Reichsstadt, J. B. Gall, errichtet. Marktplatz 14 ist das Alte Rathaus. In diesem mittelalterlichen Steinhaus (12.–14. Jh.) wohnten früher Ortsadelige, dann wurde es 1479 von der Stadt gekauft und diente als Gerichts- und Rathaus. Anschließend folgt das Stadtmuseum am Marktplatz 12. Vor dem Rathaus gehen wir nach links hoch zum Keplermuseum, das sich in Johannes Keplers Geburtshaus befindet.

Nach ihm spazieren wir nach rechts zur katholischen Stadtpfarrkirche St. Peter und Paul. Die dreischiffige Hallenkirche wurde 1492/1512 in der Spätgotik erbaut, die Türme stammen aus dem 13. und 14. Jahrhundert. Sehenswert sind unter anderem eine spätgotische Kreuzigungsgruppe der Ulmer Schule (um 1460/70), ein Renaissancesakramentshaus (1611), ein barocker Hochaltar (1700) und eine Rokokokanzel (1742). In einem der Glasfenster ist Adolf Hitler als Satan zu sehen.

Anschließend begeben wir uns rechts hinab zur Stuttgarter Straße, in der wir uns links halten. Vorbei an einigen schönen alten Häusern mit Schmuckformen kommen wir zum 1986 geschaffenen Narrenbrunnen, der darauf hinweist, dass Weil der Stadt eine Narrenhochburg ist. Danach am Platz des ehemaligen, 1811 abgebrochenen Badtors sehen wir einen prächtigen Brunnen mit einem großen Fisch, auf dem ein Knabe reitet.

Nach der querenden Badtorstraße steht rechts das Brenzhaus, in dem der Reformator

↑ Skulptur von Johannes Brenz vor der gleichnamigen Kirche

↑ Hinweisschild zum Narrenmuseum
→ Kapuzinerkloster mit Klostergärtlein

Johannes Brenz (1499–1570) geboren wurde. In der Stuttgarter Straße 42 ist ein ehemaliges Gerberhaus aus der Zeit vor dem Stadtbrand (um 1480) zu sehen. Rechts dahinter steht der Rabenturm. Links finden wir das Spital mit der 1364 geweihten und 1747 umgebauten Spitalkapelle. Die Kapelle besitzt ein schönes Fresko aus dem 14. Jahrhundert, einen spätgotischen Schnitzaltar (um 1480) eines oberrheinischen Meisters und zwei Barockaltäre.

Rechts des Spitals befindet sich das Narrenmuseum; das Gebäude wurde anstelle eines alten Bürgerhauses 1981 nach dessen Vorbild errichtet. Neben dem Eingang sehen wir den originalen ausklappbaren Laden eines Krämers. Der Seilerturm (15. Jh.) ist wie alle Türme der Stadt ein Schalenturm. Vor der Stadt halten wir uns rechts und gehen im Sägeweg zur 1533 erstmals erwähnten Friedhofskapelle St. Michael (18. Jh.). Sie besitzt ein spätgotisches Kruzifix, einen schönen in Grau und Gold gehaltenen barocken Altar und alte Grabsteine. Ein Epitaph stammt aus der Werkstatt von Johann Heinrich Dannecker. Auch an der Innenseite der Friedhofsmauer stehen Grabsteine (16.–19. Jh.).

Wir spazieren wieder zurück, am Seilerturm vorbei und halten uns in der Stuttgarter Straße rechts in die Spitalgasse. Hinter der Plangasse stehen der Storchenturm (links) und der Rote Turm (rechts), beide aus dem 15. Jahrhundert. Der Storchenturm wurde später als Armenwohnung genutzt, der Rote Turm diente auch als Gefängnis. Hier ist auch ein Stück des alten Wehrgangs zu sehen.

Nun gehen wir erst durch die Plangasse, dann nach der Badtorgasse etwas nach links versetzt durch die Straße Kapuzinerberg zum Kapuzinerkloster (1669) auf der rechten Seite. Die Kapuziner wurden 1640 in der Zeit der Gegenreformation zur Missionierung in die Stadt geholt. Dahinter steht das 1294 gegründete Augustinerkloster. Es wurde nach dem Übergang an Württemberg 1803 aufgelöst. Vor der Dreiflügelanlage liegt ein Klostergärtlein in den Renaissanceformen des 16. Jahrhunderts. Anschließend kommen wir wieder in die Poststraße, die uns nach rechts zum Bahnhof zurückführt.

Lage/Einwohnerzahl Weil der Stadt liegt westlich von Stuttgart an der B295. Es hat 19 200 Einwohner.

Highlights Entlang der Stuttgarter Straße sieht man im Bereich zwischen dem Marktplatz und dem Spital außer den beeindruckenden Bauten auch den großen Narrenbrunnen.

Tipp Ein Erlebnis ist ein Besuch der Stadt beim alljährlichen »Fasnetsumzug«.

Informationen www.weil-der-stadt.de

23 Waldenbuch

Fachwerkstadt im Schönbuch

»Über Waldenbuch, das im Tale liegt, eine schöne Aussicht auf eine fruchtbare, doch hügelige und rauhere Gegend, mit mehrern Dörfern, Feldbau, Wiese und Wald. Waldenbuch, artig, zwischen Hügeln gelegener Ort, sehr gemischte Kultur, Wiesen, Feld, Weinberge, Wald. Ein herrschaftlich Schloß, Wohnung des Oberforstmeisters. Ähnliche Kultur bis Dettenhausen, doch rauher und ohne Weinberge.«

Johann Wolfgang von Goethe auf seiner Reise in die Schweiz, 7. September 1797

Bis auf die Weinberge kann man Goethes Aussage heute noch stehen lassen. Waldenbuch ist ein reizendes Fachwerkstädtchen mitten im Schönbuch mit einem liebevoll restaurierten und verkehrsberuhigten alten Stadtkern. Er zieht sich vom Aichtal hinauf zum Schloss. Die Stadt wurde 1296 als »Waltenbuch« – das bedeutet »größerer Buchenwald, einem Waldo gehörend« – erstmals urkundlich erwähnt und bereits 1363 als Stadt bezeugt. Nach verschiedenen Vorbesitzern kam sie an die Pfalzgrafen von Tübingen, die sie 1363 an die Württemberger verkauften.

Im Dreißigjährigen Krieg gab es durch Plünderungen große Schäden, später hatte die Stadt so unter der Pest zu leiden, dass bei Kriegsende nur noch 68 Bewohner in ihr lebten. 1534 verlegte Herzog Ulrich den Sitz des Waldvogts von Tübingen nach Waldenbuch. Im Jahr 1706 wurde er durch einen Oberforstmeister und Oberjägermeister ersetzt, und 1806 wurde die Hofjagdverwaltung

↑ Schloss und Kirche liegen oberhalb auf einem Hügel.
← Marktplatz mit Marktbrunnen

nach Bebenhausen verlegt. Da Waldenbuch an der Schweizer Straße lag – auf der übrigens auch Goethe reiste –, war es die wichtigste und bis 1845 einzige Post- und Pferdeumspannstation des Schönbuchs.

Zum Schloss auf den Berg

Auf den Umlaufberg spaziert man durch die von schönen Fachwerkhäusern flankierte Marktstraße. An der höchsten Stelle steht das Jagdschloss, welches Herzog Christoph 1562/65 an der Stelle einer älteren Burg im Renaissancestil erbauen ließ. Es besitzt eine gewölbte Pfeilerhalle und eine steinerne Wendeltreppe. Der Bau scheint sich etwas hingezogen zu haben, denn Waldvogt Schlegg berichtete am 1. Juli 1570 an die Herzogliche Rentkammer, die »Nothdurft« erfordere dringend, das Haus zu Waldenbuch einzudecken. Als Baumeister wird Alberlin Tretsch vermutet. Da man es von der Residenz in Stuttgart aus schnell erreichen konnte, war es ein häufiger Treffpunkt fröhlicher Jagdgesellschaften. Später wurde es mehrmals ausgebaut, da es den jagdlustigen Stuttgarter Herrschern im Laufe der Zeit zu klein wurde. Bei den Baumaßnahmen 1607 unter Herzog Friedrich I. musste sogar das Kirchenschiff versetzt werden. Die umfangreichste Umbauphase erfolgte von 1687 bis 1690. Beim letzten Ausbau in den Jahren zwischen 1717 und 1719 wurde von Hofbaumeister Giuseppe Frisoni zwischen dem westlichen und dem östlichen Baukorper ein neuer Flügel errichtet. Später diente das Schloss dem Waldvogt als Sitz, ab 1807 war es Militärhospital und Lazarett für Heimkehrer aus Napoleons Russlandfeldzug. Nach dem Zweiten Weltkrieg wurde es als Notaufnahmequartier genutzt. Heute beherbergt es als Zweig des Württembergischen Landesmuseums das Museum der Alltagskultur. Während man in Museen

üblicherweise nur die »Hochkultur« der feinen, reichen und mächtigen Leute und Herrscher zu sehen bekommt, ist dieses Museum den »kleinen Leuten« und ihren alltäglichen Lebensumständen gewidmet.

Auch oben: Kirche und Rathaus

Vor dem Schloss steht die 1275 erstmals genannte evangelische Stadtkirche St. Veit. Die einstige Wallfahrtskirche ist eine Westturmanlage mit verziertem, steilem Renaissancestaffelgiebel und bemalter Holzausstattung und wurde von Elias Gunzenhäuser 1605/07 erbaut. In dieser Zeit wurde auch durch Baumeister Heinrich Schickhardt ihr Schiff an die Ostseite des Chors verlegt, welcher aus dem 15. Jahrhundert stammt. Auf diese Weise sollte Platz für den Neubau des Schlosses gewonnen werden. Dabei verwendete man die spitzbogigen gotischen Maßwerkfenster wieder. Bei diesen Baumaßnahmen blieb der aus dem 15. Jahrhundert stammende Turm mit seiner barocken Haube erhalten, 1702 wurde er nochmals erhöht. Vor der Kirche liegt eine große Freitreppe.

Vor dem Schloss und der Kirche kann man einige sehenswerte Gebäude bewundern, so das um 1720 erbaute und 1786 und 1834 umgebaute ehemalige Pfarrhaus, welches heute eine Musikschule ist. Vor ihm wird man von einer humorvollen Bronzeskulptur von Guido Messer begrüßt. In der Fachwerk-Pfarrscheuer in der Kirchgasse 6 wurden einst die Früchte der Besoldungsgrundstücke und des Kleinen Zehnten gelagert. Die Schlossscheuer aus dem 18. Jahrhundert gleich daneben ist ebenfalls ein Fachwerkgebäude. Die weiteren, vorwiegend aus dem 17. und 18. Jahrhundert stammenden Fachwerkhäuser um den Marktplatz bilden ein reizvolles Ensemble: Zu ihnen gehören das ehemalige Gasthaus »Zum Rappen« (1575), das spätere Rathaus und das Stammhaus Wider. Letzteres wurde 1750 als Gästehaus für Hofjagden errichtet. Vor dem Rathaus steht ein Marktbrunnen aus Sandstein von 1728.

Berühmte Gäste sah der ehemalige Gasthof Post (1797) im Haus Nr. 22 der Straße Auf dem Graben. Hier wurden zum Beispiel Friedrich Schiller (1793), Johann Wolfgang von Goethe (1797), Erzherzog Karl (1799) und Ludwig Uhland bewirtet. Teilweise erhalten ist noch die Ringmauer, welche die Stadt umschloss (Straße Unter der Mauer). Bei ihr stehen auch kleine traufständige Putzbauten. Das Back-, Wasch- und Schulhaus (Unter der Mauer 12) von 1847 ist ein Fachwerkbau mit offener Steinlaube.

Das Gebäude in der Danneckergasse 1 von 1620 ist das Jugendhaus des Bildhauers Heinrich Dannecker. Am historischen Gasthaus Krone in der Nürtinger Straße 14 sieht man ein hübsches Bäckerwappen. Es war früher bei Tübinger Studenten so beliebt, dass sie ihre Namen in die Tische eingeschnitzt haben. Außerhalb der Stadtmauer findet man in der Walddorfer Straße 2 die ehemalige Zehntscheuer aus dem 17. Jahrhundert, die ehemalige 1785 eingerichtete Stadtmühle im Neuen Weg 25 sowie die Bachenmühle aus dem 15. Jahrhundert in der Nürtinger Straße. Der Name der Mühle kommt von der Besitzerfamilie Bach.

Lage/Einwohnerzahl Waldenbuch liegt zwischen Stuttgart und Böblingen im Aichtal. Es hat 8700 Einwohner.

Highlights Die Idylle in den alten Gassen auf dem Berg um Schloss und Rathaus

Tipp Einen Besuch des Museums Ritter (mit Einkauf von Schokolade!) kann man mit dem Museum der Alltagskultur im Schloss verbinden. Der Fußweg zwischen den Museen führt durch das sehenswerte Zentrum.

Informationen www.waldenbuch.de

↑ Altes Wappen am Rathaus
← Rathaus und Kirche – links der Kirche steht das Schloss.

24 Herrenberg

Am Rande des Naturparks Schönbuch

Im Jahr 1228 wurde erstmals die Pfalzgrafenburg »in castrum nostrum herrenberc« genannt, erst 50 Jahre später dann die Stadt an sich. Ab 1382 war sie württembergische Amtsstadt. Sie wurde 1466 und 1635 vollständig niedergebrannt, beim zweiten Stadtbrand wurden 280 Häuser zerstört. Durch den dann erfolgten Wiederaufbau entstand das heutige geschlossen wirkende Stadtbild. 1983 wurde deshalb auch die Altstadt als Gesamtanlage unter Denkmalschutz gestellt.

Auf dem Fachwerkpfad

In der Altstadt gibt es zahlreiche verwinkelte Gassen und Staffeln. Viele der Häuser haben heimelige Hinterhöfe und die ehemaligen Ackerbürgerhäuser im Stadtkern besitzen teils große Toreinfahrten und im Giebel Aufzugshaken.

Auf dem Weg vom Bahnhof zum Marktplatz kommt man am ehemaligen Eichamt (19. Jh.) vorbei. Es diente bis 1938 diesem Zweck. Danach folgt der Bebenhäuser Klosterhof. In der Schulstraße sieht man zwei Barockhäuser von 1717 mit reich skulptierten Fassaden. Der Marktplatz (1276 erstmals erwähnt) ist von stattlichen, hochgiebeligen Fachwerkhäusern umgeben, die nach dem Brand von 1635 erbaut wurden. Bis 1504 hat man hier auch Gericht gehalten. Der 1347 erstmals genannte Marktbrunnen stammt von 1660 und ist mit einem Löwen und dem württembergischen Wappen geschmückt. Bei der Renovierung 1908 wurde der Löwe um 180 Grad gedreht, da einem Ratsherrn aufgefallen war, dass er in doch recht unmanierlicher Weise seine Zunge gegen das Rathaus und seine Insassen herausstreckte.

Am Marktplatz folgen wir der engen Stuttgarter Straße nach links. Hier sieht man einige prächtige Fachwerkhäuser, beispielsweise den Gasthof Deutscher Kaiser (15. Jh.) mit alemannischem Fachwerk in Haus Nr. 18. Zurück am Marktplatz sehen wir an dessen oberem Ende rechts die Khoenle-Handelshäuser (Nr. 6), die zwischen 1664 und 1712 erbaut wurden. Die Gebäude Nr. 2 und Nr. 4 in der rechts abgehenden Schuhgasse besitzen prächtige Portale von 1714. Nr. 12 ist der Alte Turm, das ehemalige Gefängnis. Der Königsbrunnen vor ihm stammt von 1762 und 1910.

Nun kehren wir um und gehen zurück zum Marktplatz. Das 1806 erbaute Rathaus am Marktplatz 5 ist ein klassizistischer Putzbau mit Krüppelwalmdach, Glocken- und Uhrentürmchen. Rechts vom Portal ist die dreilatzige Fahne, das steinerne Wappen der Pfalzgrafen von Tübingen, angebracht. Wir steigen rechts des Rathauses die Treppe hinauf. Auf der rechten Seite steht das 1655 als Amtshaus, Vogtei und Kellerei erbaute Oberamt. Hinter dem Rathaus folgen wir der Sankt Marienstaffel oder gehen am Oberamt die Kirchgasse hinauf zur Kirche: Egal, wie wir uns entscheiden, wir passieren auf jeden Fall einige schöne alte Häuser.

Besonders sehenswert – die Stiftskirche

Die Stiftskirche Unsere liebe Frau (Marienkirche), auch »Glucke vom Gäu« genannt, ist das Wahrzeichen Herrenbergs. Allerdings steht sie auf rutschigem Grund, denn der kluftenreiche Berg aus Gipskeuper, auf dem sie sich erhebt, rutscht pro Jahr einen Millimeter auf die Stadt zu – das waren in den vergangenen 700 Jahren rund 70 Zentimeter. Diese älteste gotische Hallenkirche Schwabens besitzt eine reiche Innenausstattung. Dazu zählen ein feines spätgotisches Netzgewölbe mit Gewölbeschlusssteinen

↑ Idyllische Szenerie im Fachwerkparadies
← Mächtige Fachwerkhäuser am Marktplatz

↑ Die mächtige Kirche wird auch als »Glucke vom Gäu« bezeichnet.

(etwa 1490) und farbig gefassten Medaillons in den Schiffen, ein reich geschnitztes Chorgestühl mit 104 Schnitzfiguren und eine spätgotische steinerne Kanzel von Meister Hanselmann (1503/04). Ihr neugotischer Kanzeldeckel wurde schon als »…eines der glänzendsten Denkmale spätgotischer Plastik auf schwäbischem Boden« oder »Jauchzendes Spiel vollendeten Künstlertums« beschrieben. Der spätgotische Taufstein mit Laubwerkornamenten stammt von 1472, das spätgotische Kruzifix im Triumphbogen des Chors aus dem 15. Jahrhundert. Sehenswert ist auch die älteste Fensterrosette Schwabens, der »Sternen« (1518). Im Turm befindet sich Süddeutschlands größtes läutbares Glockenmuseum mit Glocken ab dem 12. Jahrhundert.

Über den Schlossberg wieder in die Stadt

Von der Terrasse vor der Kirche aus hat man einen schönen Blick auf das Gewirr der Dächer. Dann gehen wir hinter der Stiftskirche hoch zum Schlossberg. Dabei kommen wir an Teilen der Stadtmauer vorbei. Oben bietet sich uns eine herrliche Aussicht über Herrenberg und das Gäu hinweg bis zum Schwarzwald und zur Schwäbischen Alb. Anschließend gehen wir wieder hinab zur Kirche. Links von ihr steht am Schlossberg 1 das evangelische Dekanat. Das mächtige Gebäude wurde 1439 als Propstei für das weltliche Chorherrenstift erbaut.

Nun gehen wir durch die Propsteistaffel hinab. Diese und die zahlreichen anderen Treppen der Stadt haben den Herrenbergern zu dem Spitznamen »Stäffelesrutscher« verholfen. Links sieht man die Pfisterei und Hausschneiderei, in der die Hausschneider und Schlossverwalter wirkten. Wir stoßen auf die Straße am Burgrain und folgen ihr bis zur Schuhgasse. Das Gebäude Nr. 23 ist der Hirsauer Klosterhof, Nr. 24 stammt von 1752 und besitzt ein Barockportal mit dem Wappen der Familie Doertenbach. Danach treffen wir auf die Tübinger Straße. Gegen-

↑ Von der ehemaligen Burg ist noch ein Teil der Mauer sichtbar und man hat einen herrlichen Blick auf die Stadt.
← Hoch über dem Rathaus steht die Stiftskirche.

über steht der 1683/84 über einem romanischen Wohnturm errichtete fünfgeschossige Stiftsfruchtkasten, eines der mächtigsten Gebäude der Stadt mit einem reich ornamentierten Fachwerk. Wir gehen an ihm entlang bis zur Straße Auf dem Graben. Rechts sitzt eine Häuserzeile auf der ehemaligen Stadtmauer auf. Wir biegen nach rechts ab und halten uns gleich wieder rechts, dann orientieren wir uns links in die Spitalgasse. Gebäude Nr. 18 ist das 1780 erbaute Spitalhaus und Haus Nr. 15 das um 1400 aus bürgerlichen Stiftungen entstandene Spital.

An ihm vorbei gehen wir durch die Straße Spitalhöfle nach rechts hoch zur spätgotischen evangelischen Spitalkirche Hl. Geist, deren mit Intarsien geschmückte hölzerne Kanzel im Stil der Renaissance von 1655 stammt. In der Tübinger Straße halten wir uns zwar links, sollten aber vorher das Gebäude Nr. 15 auf der rechten Seite beachten: Es handelt sich dabei um das Geburtshaus des bedeutenden Baumeisters Heinrich Schickhardt d. J. (1558–1635). Es wurde 1512 von Heinrich Schickhardt d. Ä., dem Meister des Herrenberger Chorgestühls, erworben. Nach links kommen wir in der Tübinger Straße 1 zu einem ehemaligen Handelshaus. Es ist ein stattliches dreigeschossiges Fachwerkhaus auf gemauertem Erdgeschoss, das ein mächtiges schmiedeeisernes Fenstergitter besitzt.

Lage/Einwohnerzahl Herrenberg liegt am Westrand des Naturparks Schönbuch an der A81. Es hat 31700 Einwohner.

Highlights Neben einem ziellosen Bummel durch die alten Gassen ist ein Besuch der Stiftskirche und des Glockenmuseums zu empfehlen.

Tipp Am Marktplatz in der Außengastronomie sitzen, die Fachwerkpracht, die Kirche und den Brunnen bewundern und die Passanten beobachten

Informationen www.herrenberg.de

25 Rottenburg am Neckar

Bischofsstadt mit Flair

Die Stadt ging aus der römische Niederlassung Sumelocenna hervor. Die daraus entstehende Siedlung wurde um 1270/80 durch Graf Albert II. von Hohenberg zur Stadt ernannt und kam 1381 an Österreich. Eine Blütezeit waren die Jahre 1454 bis 1482 unter Mechthild von der Pfalz, denn sie machte die Stadt zu einem kulturellen Zentrum im deutschen Südwesten. 1735 gab es einen großen Stadtbrand, deshalb stammen die meisten Gebäude aus der Zeit danach. In den Jahren 1792 und 1795 schlug das französische Emigrantencorps unter dem Prinzen von Condé mehrmals sein Quartier in der Stadt auf. 1806 kam Rottenburg an Württemberg, 1821 entstand hier das katholische Landesbistum für Württemberg und 1828 wurde der erste Bischof inthronisiert.

Römer, Bürger und Kirchen

Vom Eugen-Bolz-Platz spazieren wir zum Sumelocenna, dem Römischen Stadtmuseum. Im südlich liegenden Stadtgraben können wir Kopien römischer Skulpturen und Inschriftsteine sowie einer Jupiter-Giganten-Säule bewundern. Dann folgen wir dem Stadtgraben nach links. Nach dem Gaisholzturm (13. Jh.) sehen wir ein besonders romantisches Stück Stadtmauer mit Zwinger, dem runden Zwingerturm (14. Jh.) und dem Scharfrichterhaus.

Wir halten uns rechts in die Schuhstraße, bei der Einmündung der Gartenstraße noch einmal rechts und dann links in die Straße Klein Venedig. Eine schmale Gasse bringt uns zur Straße Im alten Mühlgraben. Die

Zehntscheuer (1645) rechts ist heute Kulturzentrum und Sülchgaumuseum. An ihr sehen wir zwei Doppeladlerreliefs (18. Jh.). Die Stadtmühle dahinter wurde nach dem Brand 1644 wiederaufgebaut.

Nach links kommen wir zur Josef-Eberle-Brücke. Der Brückenheilige St. Nepomuk auf der anderen Neckarseite wurde 1732 vom Chorherren des St. Moriz-Ordens Josef Anton Neupp für sein Haus in Auftrag gegeben. An seine jetzige Position wurde er Ende des 18. Jahrhunderts versetzt. Wir überqueren den Neckar und halten uns danach rechts in die Kirchgasse. Vorbei an der neugotischen evangelischen Kirche (1854/55) kommen wir zur Stiftskirche St. Moriz (um 1300). Von 1330 bis 1806 war sie die Stiftskirche des Chorherrenstifts St. Moriz. Sehenswert sind außen die Epitaphe und der Ölberg sowie innen die Grabdenkmäler der Grafen von Hohenberg (14. Jh.), die gotischen Säulenmalereien (14./15. Jh.) und die Fresken (14./15. Jh.). Im gotischen Saal im Obergeschoss der Ulrichskapelle befindet sich das Stiftsmuseum mit dem Kirchenschatz.

Nach der Stiftskirche halten wir uns links. Das Nonnenhaus (1430/40) rechts ist das älteste Haus der Stadt. Es besitzt alemannisches Fachwerk, gehörte im 16. Jahrhundert den Herren von Speth und von Gemmingen und von 1688 bis 1782 den Franziskanerinnen.

Das Kirchberger'sche Haus am Ehinger Platz in der Königstraße 86 ist ein 1569 im fränkischen Stil erbautes Fachwerkhaus. Später saß hier die aus Österreich stammende Adelsfamilie Kirchberger von Kirchberg. Das Themar'sche Haus am Ehinger Platz 6 wurde 1555 von dem Stiftspropst von St. Moriz und Kanzler der Universität Tübingen Dr. Ambrosius Widmann von Mühringen erbaut. Vor dem Kirchberger'schen Haus gehen wir in der Straße Hin-

↑ Der Brunnen vor der Kirche
← Der Marktplatz ist von prächtigen Häusern umgeben.

ter dem Löwen zu einem für Rottenburg typischen Weingärtnerhaus in der Kapuzinergasse. Diese bringt uns nach rechts zum Kapuzinertor (14. Jh.). Wir orientieren uns rechts, überqueren den Neckar auf der Oberen Brücke und spazieren durch die Straßen Neckarhalde und Bogen zum Kalkweiler Torturm (14. Jh.). Er ist über einen begehbaren Wehrgang mit dem Schütteturm verbunden.

Wo beim Hochgehen nach der Brücke die Stufen aufhören, biegen wir scharf nach links ab und überqueren gleich darauf die Brücke nach links in die Straße Staig. Linker Hand steht das Falckh'sche Haus (1674). Das Wappen im Türsturz des Fachwerkhauses, eine Töpferschiene, erinnert daran, dass der Erbauer Hafnermeister war. Nun gehen wir hinab zur Königstraße und dem Spital zum Hl. Geist. Es wurde 1560/61 erneuert,

die oberen Stockwerke nach dem Brand von 1735. Heute sieht man noch zwei prächtige Portale und die Tordurchfahrt. Die Spitalkelter ist bei den Stadtbränden 1644 und 1735 abgebrannt und wurde 1736 wiederaufgebaut. Sie ist die letzte der Rottenburger Keltern.

Nun halten wir uns links zur Straße Schütte. Im Vogteihaus, Gebäude Nr. 6, wohnten die Statthalter der Hohenberger, von 1792 bis 1795 war hier das Hauptquartier des französischen Emigrantencorps. In der Königstraße 52 an der Ecke links ist das Geburtshaus des von den Nationalsozialisten hingerichteten württembergischen Staatspräsidenten Eugen Bolz. Auf der rechten Straßenseite steht in der Königstraße 45 die Schildwirtschaft Krone (1667 erstmals erwähnt), in der 1807 die erste Posthalterei Rottenburgs eingerichtet wurde.

Wir halten uns nach dem Spital rechts in die Straße Hospitalbad, vor dem Neckar links und dann noch einmal. Nun kommen wir zur Karmeliterstraße, wo wir rechts abbiegen. Hier finden wir im ehemaligen Karmeliterkloster das Diözesanmuseum und das Priesterseminar. Das Kloster wurde 1281 errichtet, nach den Stadtbränden 1644 und 1735 wiederaufgebaut und 1806 aufgehoben. Das Gebäude Karmeliterstraße 9a besitzt ein prächtiges Portal mit der Datierung 1735.

Um den Marktplatz

Danach spazieren wir bis zum Metzelplatz, dann links in die Marktstraße mit ihren prächtigen Bürgerhäusern. Das barocke Rathaus wurde 1735 durch den Baumeister Johann Felder aus Bezau/Vorarlberg errichtet. Der Marktbrunnen besitzt eine herrlich geschmückte Brunnensäule. Sie dokumentiert die Zugehörigkeit Rottenburgs zu Vorderösterreich, denn die Fürstenbildnisse zeigen vermutlich den Habsburger Kaiser Friedrich III., Erzherzog Sigmund von Tirol und Erzherzog Siegfried IV. von Tirol. Der Dom St. Martin ging aus einer Liebfrauenkapelle des 12. Jahrhunderts hervor.

Wir gehen rechts des Rathauses hinauf zur Oberen Gasse und hier nach links zum Bindhaus. Während der österreichischen Herrschaft diente es als Schlossküferei. Zurück am Marktplatz orientieren wir uns links zum Wagner'schen Haus am Marktplatz 12. Es war bis 1644 eines der Stadthäuser der Herren von Ow, das heutige Gebäude wurde aber 1735 errichtet. Danach folgt das 1601 als steuerfreies Haus bezeichnete Erckenbrecht'sche Haus. Hier wohnte 1607 Junker Dietrich Erckenbrecht von Sinsheim, kaiserlicher Legationssekretär in Rom, Hofkammerrat und Hofpfennigmeister des Kardinals von Österreich und Obervogt des Klosters Reichenau.

Nach der Kirche machen wir einen Abstecher nach links in die Obere Gasse. Der Rohrhalder Hof (1736) war der Pfleghof des 1786 aufgehobenen Paulinerklosters Rohrhalden bei Kiebingen. Etwas weiter links sehen wir in der Oberen Gasse 12 den Wernauer Hof (13. Jh.), über dem Eingang sind die Allianzwappen zweier Adelsfamilien angebracht.

↑ Die Wallfahrtskirche Weggental besitzt eine reiche Ausstattung.
← Blick zum von mächtigen Häusern umstandenen Marktplatz

Von 1699 bis nach 1755 gehörte es der Familie der Freiherren Schenk von Stauffenberg.

Zurück biegen wir links in die Königstraße ein. Das Eckhaus links, das Waldhorn, wurde 1670 für die Landeshauptmannsfamilie der Freiherren von Hohenberg errichtet. Nach links kommen wir zum Kreuzlinger Hof (1740), dem Pfleghof des Augustinerklosters Kreuzlingen. Anschließend sehen wir in der Königstraße 1 das mit Eckbuckelquadern versehene mittelalterliche Steinhaus, dessen Geschichte bis 1334 zurückgeht. Vor dem Eugen-Bolz-Platz steht der Ritterbrunnen mit einem Ritter, bei dem es sich allerdings um eine Kopie handelt. Er trägt ein Landsknechtskostüm und die Kette des Ordens vom goldenen Vlies und stützt sich als Symbol für die österreichische Landeshoheit auf ein einst rot-weiß-rotes Schild. Links am Anfang der Oberen Gasse liegt das Bischöfliche Ordinariat, 1657/58 durch die Freiherren von Hohenberg errichtet. Es diente von 1661 bis zur Aufhebung des Ordens 1773 als Jesuitenkolleg mit Gymnasium. Ab 1806 residierten hier württembergische Behörden.

Sehenswertes außerhalb der Stadt

Einen Abstecher wert ist die Wallfahrtskirche Weggental. Sie wurde 1682/95 nach Plänen des Vorarlberger Baumeisters Michael Thumb errichtet und besitzt eine schöne Stuckdekoration. Die seit 1517 bestehende Wallfahrt erlebte ihre Blüte im 17./18. Jahrhundert. Die Fassadenmalerei am nebenstehenden Klostergebäude stammt von Ende des 18. Jahrhunderts.

Lage/Einwohnerzahl Rottenburg liegt am Neckar zwischen der A81 und Tübingen. Es hat 43 800 Einwohner.

Highlights Die historische Atmosphäre um den Marktplatz

Tipp Ein einmaliges Erlebnis ist ein Besuch der alemannischen »Fasnet«.

Informationen www.rottenburg.de

26 Horb am Neckar

Fachwerkpracht im Tor zum Schwarzwald

Die Umgebung des im Gäu liegenden Horb weist gleichzeitig Charakteristiken des Schwarzwalds auf. Ende des 12. Jahrhunderts gelangte die Stadt unter die Herrschaft der Pfalzgrafen von Tübingen. Noch vor 1244 erhielt sie das Stadtrecht und um 1300 kamen Stadt und Herrschaft an die Grafen von Hohenberg. Diese machten reiche Stiftungen, sodass das Geschlecht verarmte und 1381 Graf Rudolf III. seine ganze Grafschaft für 60000 Gulden an Herzog Leopold von Österreich verkaufen musste.

In der Habsburger Zeit war dann die Blütezeit der Stadt, die durch Tuchweberei, Tuchhandel, Kunstgewerbe und Weinbau wohlhabend geworden war. Schwere Zeiten brachten ein großer Brand im Jahr 1556, der Dreißigjährige Krieg und 1725 ein weiterer Stadtbrand. 1806 kam Horb an Württemberg.

Vom Neckar hinauf

Vom Neckar aus kann man schön sehen, wie sich Horb gleich einer italienischen Bergstadt am steilen Hang hinaufzieht. Von der Bahnhofseite überqueren wir den Fluss auf der Christopherusbrücke. Nach dem Neckarkanal sehen wir rechts das 1460 als Wettetor erwähnte und mit Buckelquadern eingefasste Wassertor.

In der links abgehenden Neckarstraße liegt links der Fruchtkasten. Danach folgen auf der linken Seite das mit prächtigem Fachwerk geschmückte ehemalige Schwartzadlerwürthshaus und daneben das Aischbachhaus (13. Jh.), das als Schaffnerei des Dominikanerinnenklosters Kirchberg diente.

Wir halten uns links in die Hirschgasse, wo wir linker Hand das ehemalige Gasthaus Blume (1534) mit einem schönen Wirtshausschild sehen. Danach folgt das Steinhaus mit einem markanten Staffelgiebel und aus Buckelquadern gemauerten Ecken. Es wurde 1507 vom Horber Spital als Speicher errichtet und diente als Magazin und Fruchtkasten für die Klosterwirtschaft. Das Junghanssche Haus rechts gegenüber ist eines der ältesten der Stadt. Sein alemannisches Fachwerk stammt von 1448. Das ehemalige Hirschwirtshaus dahinter auf der rechten Seite besitzt ein dreiteiliges gotisches Fenster. Es geht auf den um 1220 erworbenen ersten Reichenbacher Pfleghof zurück.

Im Zentrum: Kirche und Rathaus

Links sehen wir die Liebfrauenkirche, die eine reiche Ausstattung mit Bildern, Skulpturen und Grabsteinen, vor allem aus der Gotik, besitzt. Zwischen Kirche und Hirschwirtshaus kommen wir zur Gutermannstraße, der wir nach links zum Unteren Markt an der Kreuzung mit der

↑ Auch außerhalb des Stadtkerns trifft man auf so manches reizvolle Haus.
← Blick über den Neckar zu der sich auf einem Hügel aufbauenden Stadt

Bildechinger Steige und der Marktstraße folgen. Der Platzbrunnen wurde 1579 nach einer Überschwemmungskatastrophe im Renaissancestil neu errichtet und ist mit einem lebensgroßen Ritterstandbild von Erzherzog Ferdinand II. von Österreich-Tirol geschmückt. Hinter ihm steht das 1418 erstmals erwähnte Kaufhaus.

Vom Unteren Markt folgen wir der Marktstraße zum Marktplatz (Oberer Markt). Die Häuser stammen von 1725, als sie nach dem großen Brand neu erbaut wurden. Auf das Rathaus (1765) und das Wachthaus daneben wurde 1925/27 von Wilhelm Klink das »große Horber Bilderbuch« gemalt. Es erzählt mit seinen Wappen, Porträtmedaillons und bildlichen Darstellungen die Geschichte der Stadt.

↑ Brunnen mit Skulptur von Erzherzog Ferdinand II.
→ Blick von der Ottilienkapelle auf die Stadt

Etwas weiter steht das herrschaftliche Geßlersche Haus, das mit einem prächtigen Barockportal und dem von Kaiser Karl VI. verliehenen Adelswappen des Obervogts Johann Joseph Geßler von Braunegg verziert ist. Die Häuserlücke auf der Südseite des Marktplatzes soll auf ihn zurückgehen. Er hat sich um den Wiederaufbau der Stadt verdient gemacht, wollte sich für sein 1745 gekauftes Haus aber die Aussicht ins Neckartal freihalten.

Der vierröhrige Marktbrunnen (1372 erstmals erwähnt) stammt aus der Renaissance. Er ist mit einem Löwen verziert, der ein vergoldetes Schwert und ein von einem hohenbergischen und österreichischen Wappen verziertes Schild trägt. Nun spazieren wir rechts der Kirche weiter. Rechts steht das Franziskanerinnenkloster (Mittlere Sammlung, 13. Jh.), geradeaus sehen wir das Haus Buß. Das hinter der Gaststätte stehende turmförmige Haus besitzt ein mit 1483 datiertes Fachwerk. Nach dem Kloster halten wir uns links. Das Reichlinsche Haus auf der rechten Seite wurde ab 1656 als Kanonikatshaus, später als Pfarr- und Dekanatshaus genutzt.

Den Berg hinauf und hinab

Vor der Kirche steigen wir nach rechts hinauf zum Schurkenturm. Er wurde in nachstaufischer Zeit erbaut und schützte die gefährdete Westseite der Stadt gegen die vom steil ansteigenden Schütteberg herabkommenden Feinde. Wenn wir wieder hinabgehen, liegt rechts die ausgedehnte Obere Sammlung. Sie wurde 1261 als Dominikanerinnenkloster erwähnt und ruht mit der Westfront auf der Stadtmauer. Nach dem Stadtbrand wurde sie 1726 als Dreiflügelanlage wiederaufgebaut. Die 1277 erwähnte Heiligkreuzkirche wurde 1387 von Graf Rudolf III. von Hohenberg zur Stiftskirche für das Chorherrenstift zum Hl. Kreuz bestimmt. 1725 brannte die Kirche fast vollständig ab, 1728/55 wurde sie im Barockstil wiedererrichtet. Mit dem Stiftskirchenschatz und der Horber Madonna im Frauenchörle besitzt sie eine wertvolle Ausstattung.

Wir gehen die Staffeln zwischen Kirche und Oberer Sammlung hinab. Die Propstei auf der linken Seite wurde 1688 und nach dem Stadtbrand 1725 neu erbaut. Danach folgen wir rechts den Stufen hinab zum 25 Meter hohen Fachwerkhaus Hoher Giebel. Über seinem Eingangstor sind die Jahreszahl 1622 und das Wappen der Herren von Ow angebracht. Seit dem 17. Jahrhundert gehörte es der reichen Handelsfamilie Garb, heute residiert in ihm das Heimatmuseum. Das 1273 erstmals erwähnte Ihlinger Tor (Luziferturm) diente als Hexengefängnis und ist als einziges der einst fünf Stadttore noch erhalten. Links gegenüber steht das Stubensche Schlössle (1519), das mit seiner Westfront auf der Stadtmauer aufsitzt. 1706 kaufte es die von den Freiherren von Hohenberg abstammende Maria Johanna von Stuben. Das Geschlecht ging aus der nicht standesgemäßen Ehe des Erzherzogs Ferdinand mit der Augsburger Bürgertochter Philippine Welser hervor. Vor dem Ihlinger Tor biegen wir links ab, überqueren den Kanal und gehen durch die Schillerstraße zurück.

Lage/Einwohnerzahl Horb liegt südlich von Nagold am Neckar und ist über die B14 und die B32 zu erreichen. Es hat 25 000 Einwohner.

Highlights Eine Wanderung hinauf zur Ottilienkapelle hoch über der Stadt, von der man einen herrlichen Blick hinab nach Horb und ins Neckartal hat

Tipp Ein Besuch der Horber Ritterspiele

Informationen www.horb.de

Schwäbische Alb

Blick auf Rottweil, in der Mitte steht der prächtige Turm der Kapellenkirche.

27 Schwäbisch Gmünd

Die einstige Stadt der Goldschmiede

Schwäbisch Gmünd, die älteste staufische Stadtgründung in Württemberg, bezaubert außer durch mittelalterliche Eindrücke auch durch ein barockes Stadtbild aus dem 18. Jahrhundert. Hier in der Gegend lag einst die Grenze zwischen den römischen Provinzen Obergermanien und Rätien und es gab um 150 bis 260 n. Chr. eine militärische Niederlassung. Um 1100 wurde Gmünd unter den ersten Stauferherzögen zu einer Marktsiedlung ausgebaut und vermutlich unter dem 1152 gestorbenen König Konrad III. zur Stadt ernannt. 1162 wurde es erstmals als Stadt erwähnt und ist damit die älteste bezeugte staufische Stadt Südwestdeutschlands. Im 13. und 14. Jahrhundert konnte sich die Stadt kulturell und wirtschaftlich gut entwickeln. Zwischen 1720 und 1790 wurde sie barock umgebaut, 1802 kam sie an Württemberg. Die Gold- und Silberschmieden waren ein bedeutendes Gewerbe in Gmünd, ebenso im 15. und 16. Jahrhundert die Sensenschmieden. Bekannte Gmünder waren beispielsweise die Maler Hans Baldung, genannt Grien (um 1484–1545), und Jörg Ratgeb (um 1480–1526).

Zum Münster

Wir gehen vom Bahnhof zur B29 und nach ihr in den Stadtgarten. Das hier stehende Schlösschen zeigt einen Übergangsstil vom Rokoko zum frühen Klassizismus. Es wurde 1780 von Johann Michael Keller als Lusthaus für den Bürgermeister Georg

Franz Stahl, Edler von Pfeilhalden, und seine Frau Veronika erbaut.

Hinter dem Schlösschen stoßen wir auf die Bahnhofstraße und spazieren auf ihr nach rechts bis zum 1827 erbauten Zollhäuschen und zum 27 Meter hohen Fünfknopfturm (15. Jh.). Nach diesem gehen wir rechts zur Bocksgasse. Das Palais Debler diente früher als Wohnung für reiche Patrizier und Mitglieder des Adels. Die Fußgängerzone bringt uns nach links zur Augustinerstraße, in die wir nach rechts einbiegen und zur Augustinerkirche gelangen. Die zunächst spätgotische Klosterkirche wurde 1756/57 von Johann Michael Keller barockisiert und besitzt prächtige Decken- und Wandfresken und Stuckarbeiten, die von Meistern der Wessobrunner Schule ausgeführt wurden.

↑ Blick zum Heilig-Kreuz-Münster
← Reich geschmückter Brunnen auf dem weitläufigen Marktplatz

Das gegenüberliegende Heilig-Kreuz-Münster ist die älteste gotische Hallenkirche in Süddeutschland; sie wurde zwischen 1315 und 1521 anstelle einer romanischen Vorgängerkirche in wesentlichen Teilen von der Baumeisterfamilie Parler aus Köln erbaut. Später arbeiteten hier die ebenfalls berühmten Baumeister Aberlin Jörg und Hans von Urach. Bemerkenswert sind das hl. Grab im Chor (1350), der Sebaldus-Altar und der Altar in der Taufkapelle (1510). Es gibt noch weitere spätgotische Altäre, davon ist einer aus der Werkstatt Albrecht Dürers. Außerdem zu beachten: das Renaissancechorgestühl, der gewaltige Orgelprospekt aus dem Hochbarock, die Kanzel mit dem Kanzelträger (1551/1718), der neugotische Hochaltar und die Glasmalereien. Die reiche Architekturplastik begeistert ebenfalls, wobei insbesondere die beiden ab 1351 geschaffenen Chorportale zu erwähnen sind. Einen eigenen Turm besitzt die Kirche nicht, die Glocken sind im benachbarten Glockenturm untergebracht. Dafür sitzt auf dem Kirchendach ein zierliches zwölf Meter hohes Türmchen.

Rechts des Münsters führt ein kurzer Abstecher zur Fuggerei, eines der ältesten Steinhäuser in Gmünd. Rechts von der Kirche steht eine Mariensäule (1693) und auf dem Weg zum Löwenbrunnen das Kapitelhaus aus dem Rokoko. Hinter der Kirche sehen wir den Löwenbrunnen mit einer Brunnensäule aus dem 16. Jahrhundert. Den Brunnentrog schmücken Wappen alter Gmünder Geschlechter. Auf der anderen Seite der Kirche finden wir den Glockenturm. Er war ursprünglich ein steinernes Wohnhaus aus der Zeit der Romanik.

Zu Marktplatz und Rathaus

Vorbei am Löwenbrunnen gehen wir durch die Straße Hofstatt zum Rathaus, halten uns aber im Milchgässle rechts. Das Gebäude Milchgässle 10 ist das Silberwarenmuseum Ott-Pausersche Fabrik. Diese war 1860 der beste Steuerzahler der Stadt; allein nach Kuba wurden jährlich Goldwaren im Wert von 200000 Gulden geliefert. Danach kommen wir zum Kornhaus, einem dreigeschossigen Fachwerkgebäude, das 1507 als Fruchtschranne, also als Getreidespeicher, erbaut wurde. Das Patrizierhaus gegenüber wurde 1761 von Stadtbaumeister Keller aus einem ehemaligen Rokokogebäude errichtet. Auch auf dem Weg zum Marktplatz steht in der Kornhausstraße 8 ein sehenswertes Rokokogebäude. Durch die Kornhausstraße spazieren wir zum Marktplatz, einem der schönsten und größten Süddeutschlands. Er ist von prächtigen alten Häusern umgeben, die ein beeindruckendes historisches Stadtbild formen.

↑ Das Schlösschen im Stadtgarten ist ein beliebtes Ziel.
→ Blick auf das Forum Gold und Silber

Das Rathaus ging aus einem ehemaligen Bürgerhaus von 1760 hervor. Am Trog des Marienbrunnen sieht man Wappen von zehn Gmünder Geschlechtern, auf der bauchigen Renaissancesäule eine doppelseitige Barockmadonna (1686). An der Westseite des Marktplatzes beim Rathaus steht das Haus Grät, eines der ältesten der Stadt. Das barocke Haus Markplatz 11 besitzt ein prächtiges Portal mit geschmiedetem Oberlichtgitter. Das Haus Post wurde 1780 von Stadtbaumeister Johann Michael Keller für den Posthalter und Kantenwirt Johann Michael von Stahl erbaut. Hier übernachteten schon Johann Caspar Schiller, der Vater von Friedrich Schiller, und Johann Wolfgang von Goethe. Auf der Westseite steht die Mohrenapotheke; das einstige einfache Giebelhaus wurde 1763 von Keller für Achilles Stahl im barocken Stil umgebaut.

Kirchliche und bürgerliche Pracht

Die Johanniskirche ist eine zwischen 1220 und 1250 erbaute spätromanische Pfeilerbasilika und reich mit Tier- und Pflanzenplastiken sowie mit pflanzlicher Ornamentik verziert. Der Prediger dahinter gehörte zu einem Dominikanerkloster, das 1294 gegründet und 1802 aufgelöst wurde. Bei ihm steht das Haus Walfisch; gegenüber befand sich früher das Zunfthaus der Goldschmiede und Feuerarbeiter.

Wir gehen neben dem Haus Post nach Osten bis zur Franziskanergasse und zur Franziskanerkirche. Sie gehört zum ältesten Kloster in Gmünd, dem um 1250 gegründeten Franziskanerkloster. Die einst romanische, dann gotische Kirche wurde um 1720 bis 1750 barockisiert. Der Hochaltar stammt vielleicht von Dominikus Zimmermann, dem Erbauer der berühmten Wieskirche. Rechts daneben steht das Schwörhaus, der

ehemalige Wirtschaftshof des Klosters Königsbronn. Es wurde von 1589 bis 1591 im Renaissancestil erbaut.

Viele Türme der Stadtmauer

Dahinter gehen wir über den Kalten Markt nach Nordwesten bis zur Honiggasse, wo wir uns rechts halten. Gleich sehen wir links den 20 Meter hohen Faulturm. Wir folgen weiter dem Gässchen, bis wir links Teile der Stadtmauer erblicken. Dann halten wir uns rechts bis zur Hinteren Schmiedgasse. Hier geht es nach links zum vor 1350 erbauten Schmiedturm. Von ihm aus spazieren wir durch das schmale Gässchen, dem Verlauf der Stadtmauer folgend, zum 27 Meter hohen Wasserturm. Südlich von ihm liegt der knapp 36 Meter hohe Rinderbacher Torturm. Nun bummeln wir durch die Rinderbacher Gasse, bis wir links oben den vor 1350 erbauten 39 Meter hohen Königsturm sehen.

Wir gehen dann weiter bis zum Rathaus und auf dem Marktplatz nach rechts zum Heilig-Geist-Spital und zum Waisenhaus. Das Spital zum Hl. Geist wurde 1269 gegründet und gehörte zu Reichsstadtzeiten zu den reichsten Grundbesitzern in Gmünd. Das Amtshaus, ein Fachwerkbau, wurde 1434 errichtet, der nördliche Anbau im 16. Jahrhundert. An seinem Fachwerk sieht man gut den »Schwäbischen Mann«, eine aus Fachwerk konstruierte Figur. Im Hof steht die Spitalmühle, ein prächtiger Fachwerkbau aus dem 16. Jahrhundert. Von hier aus spazieren wir durch die Ledergasse, in der im Mittelalter Gerber, Küfer und Fischer arbeiteten, zurück zum Ausgangspunkt.

Lage/Einwohnerzahl Schwäbisch Gmünd liegt östlich von Stuttgart im Remstal und ist über die B29 zu erreichen. Es hat 61 100 Einwohner.

Highlights Das Stadtbild um den Marktplatz sowie das Heilig-Kreuz-Münster

Tipp Reiche Sammlungen, u. a. zu sakraler und mittelalterlicher Kunst sowie zu Silber und Schmuck, findet man im Museum im Prediger. Im Silberwarenmuseum Ott-Pausersche Fabrik erhält man einen guten Einblick in den traditionsreichen Gmünder Gewerbezweig des Gold- und Silberschmiedehandwerks.

Informationen www.schwaebisch-gmuend.de

28 Kirchheim unter Teck

Am Fuß der Schwäbischen Alb

Erstmals erwähnt wurde Kirchheim im Jahr 960 in einer Urkunde Otto des Großen. Eine für 1059 nachgewiesene Münzstätte lässt darauf schließen, dass die Stadt damals das Marktrecht besaß. Zwischen 1220 und 1230 wurde Kirchheim zur Stadt Freiburger Rechts erhoben, da es damals den Zähringern gehörte. Etwa Mitte des 14. Jahrhunderts gelangte Kirchheim an Württemberg, wurde Amtsstadt und gewann durch bedeutende Märkte an Wohlstand. Unter Herzog Ulrich wurde die Stadt zur Landesfestung ausgebaut. Ein großer Stadtbrand 1690 war ausschlaggebend für das heute noch einheitliche Stadtbild, das durch den folgenden Wiederaufbau entstand.

Durch die Fußgängerzone

Wir starten mit der Besichtigung an der Alleenstraße, wo wir auch Parkplätze finden, alternativ am Bahnhof. Zuerst sehen wir das mit prächtigem Fachwerk geschmückte Alte Haus (1537/38). Das Wachthaus (1829) gegenüber ist das einzige erhaltene von ursprünglich vier Wachthäusern an den Stadttoren. Es enthielt eine Wohnung für den Torwächter, eine Gefangenenwärterwohnung und Gefängniszellen. Links steht noch ein Rest der Stadtmauer.

Die belebte Marktstraße bringt uns zur Brandstraße, Ausgangspunkt des großen Stadtbrands von 1690. Unterwegs sollten

↑ Das wunderschöne Fachwerkrathaus
← Überall kommt man an prächtigem Fachwerk vorbei.

↑ Alte Stadtromantik: Idylle zwischen Kirche und Fachwerk

wir immer wieder einen Blick in die Seitengassen werfen. Ein besonders schönes Ensemble sind die Fachwerkhäuser um die Obere Apotheke. Auf dem Marktplatz steht der achteckige und auf den Seiten mit Reliefs geschmückte Marktbrunnen (1776). In der querenden Max-Eyth-Straße sehen wir das Rathaus (1722–1724); mit seinem reichen Fachwerkschmuck ist es eines der prächtigsten im Land. Einmalig in Süddeutschland ist die Mondphasenuhr am Turm. In den Arkaden befindet sich eine Kassettendecke mit dem württembergischen Wappen.

Zwischen Fachwerkhäusern zur Kirche

Nun halten wir uns rechts zur Adler-Apotheke, ebenfalls ein sehenswertes Fachwerkhaus. Im Vogthaus saßen die Obervögte von Kirchheim. Von 1360 bis 1379 gehörte es den Herzögen von Teck und 1653 kaufte es der Obervogt Konrad Widerholt. Nach dem Stadtbrand wurde es 1710 auf Veranlassung von Herzogin Magdalena Sybilla neu errichtet. Sein Hauptbau sitzt auf der Stadtmauer auf. Das mächtige Eingangstor ist mit einem Löwenkopf geschmückt.

Das ehemalige Mönchshaus, Ecke Alleenstraße, wurde um 1700 erbaut und war später ein adeliger Freisitz. Die Nordost-Bastei dahinter geht auf die Stadtbefestigung zurück. Hinter dem Mönchshaus und der Nordost-Bastei kann man noch ein Stück der Stadtmauer mit einem Wehrgang sehen. Ein kleines Rundbogentor bringt uns zum Alten Graben, wo das ehemalige Wall- und Grabensystem zu erkennen ist.

Wir halten uns vor der Mauer mit Wehrgang links und gehen am Vogthaus vorbei bis zur Herdfeldstraße. Dort orientieren wir uns rechts, überqueren die Alleenstraße und kommen hinter dem Parkplatz zu einer kleinen Grünanlage mit dem Rest des Dominikanerinnen-Klosters (1249). Dessen Kirche wurde 1539 abgerissen, 1626 brannte dann das Kloster ab. Das verbliebene Gebäude besitzt gelb bemaltes Fachwerk. Der Fruchtkasten wurde nach dem Brand von 1626 im Stil der Renaissance erbaut.

Wir gehen zurück zur Alleenstraße und links der sitzenden Skulptur weiter. Links steht das Dekanat (1692). Die Martinskirche ist der Nachfolgebau einer Holzkirche aus dem 7. Jahrhundert. Ihr heutiges Aussehen geht auf das 14./15. Jahrhundert zurück, der hochgotische Chor stammt von 1495. Ihr 44 Meter hoher Turm besitzt seit 1568 eine »welsche Haube« mit Laterne. 1275 war die Kirche eine der reichsten im Bistum Konstanz. Innen sieht man bemerkenswerte Epitaphe, darunter eines für den Obervogt Konrad Widerholt (†1667), die Renaissancekanzel (1691) mit einem schön gestalteten Fuß mit Goldlaub und einen Taufstein mit bunt bemaltem Fuß.

Von Max Eyths Geburtshaus zum Schloss

Auf der Südseite der Kirche sehen wir in der Max-Eyth-Straße ein schönes altertümliches Ensemble. Im Max-Eyth-Haus, das auf einem verputzten Sockel steht, wurde 1836 der Dichter und Ingenieur, dem auch die Albwasserversorgung zu verdanken ist, geboren. Da es den großen Brand 1690 überstanden hat, zählt es zu den ältesten Gebäuden der Stadt. Heute kann man hier das Literarische Museum besuchen.

Das Kornhaus links davon wurde 1541 von Herzog Ulrich im Zuge der Ausbauten der Stadt zu einer der württembergischen »Landesfestungen« errichtet, um Lebensmittel für die Besatzung und die Bevölkerung zu bevorraten. Neben Markgröningen, Herrenberg und Rosenfeld fand man hier eines der vier herrschaftlichen Kornhäuser. Heute ist hier das Städtische Museum beheimatet. Das Spital gegenüber stammt von 1360 und diente früher als Herberge, Krankenhaus und Altenheim. Es besaß eigenes Land, Stallungen, eine Scheune, ein Back-

Blick vom Max-Eyth-Haus zur Kirche
Ausleger mit doppelköpfigem Adler

und ein Waschhaus sowie eine kleine Kirche. Etwas tiefer liegt der Schlossplatz.

Nun gehen wir zurück zur Max-Eyth-Straße und halten uns nach dem Spital rechts in die Kornstraße mit ihren Fachwerkhäusern. Danach erreichen wir den Schlossplatz, wo rechts der Adelberger Hof steht, der um 1300 als Pfleghof vom Kloster Adelberg erbaut wurde. Links sehen wir ein Fachwerkhaus und rechts das Forsthaus, das früher als Keller- und Kavaliersgebäude diente. Es wurde um 1600 erbaut, ist 1690 abgebrannt und wurde danach bis 1700 wiederaufgebaut.

Das Schloss auf der Südseite des Platzes wurde von 1538 bis 1543 unter Herzog Ulrich und bis 1560 unter seinem Sohn Herzog Christoph als Wasserschloss im Stil der Renaissance als Teil der Landesfestung Kirchheim erbaut. Ab 1594 war es eine Zeit lang Residenz und zwischen 1628 und 1811 zeitweise Wohnsitz der Witwen württembergischer Herrscher. So lebte hier von 1795 bis 1811 Franziska von Hohenheim. Ab 1811 wohnte Herzog Ludwig, der Bruder des württembergischen Königs Friedrich I., mitsamt seiner Familie an diesem Ort, und auch nach seinem Tod 1817 verbrachte seine Witwe Henriette noch 40 Jahre hier.

Nun spazieren wir durch die Alleenstraße und vorbei am Schlossgraben zurück. Wegen der zahlreichen Kastanienbäume in den Grünanlagen bezeichnete der Dichter Ludwig Finckh um 1900 Kirchheim als »Kastanienstadt«.

Lage/Einwohnerzahl Kirchheim unter Teck liegt an der A8 Stuttgart–München. Es hat 40 800 Einwohner.

Highlights Ein Gang durch die Fußgängerzone der Marktstraße

Tipp Ein Besuch der nahegelegenen Ruine Teck ist zwar mit etwas Anstieg verbunden, aber für die Aussicht lohnt es sich. Zudem kann dort im Wanderheim des Schwäbischen Albvereins übernachtet werden.

Informationen www.kirchheim-teck.de

29 Geislingen an der Steige

Industriestadt in prächtiger Umgebung

In der Alamannenzeit entstand an der Stelle der heutigen Stadt das Dorf Giselingen. Um 1100 wurde die Burg Helfenstein erbaut, die den Übergang über die Alb sichern sollte. Für den geforderten Zoll war bereits um 900 eine Zollstelle angelegt worden. Ab 1220 entwickelte sich um sie herum eine Ansiedlung, und als der Stauferkaiser Friedrich II. 1237 hier Urkunden unterschrieb, bestand sie schon als Stadt. Spätestens um 1250 war sie von einer rund sechs Meter hohen Mauer mit Türmen umgeben. Die Helfensteiner beherrschten rund 300 Jahre lang die Stadt, bis sie sie erst an die Reichsstadt Ulm verpfänden und dann 1396 verkaufen mussten. Der Stadt scheint dies recht gut bekommen zu sein, denn danach entstanden prächtige Fachwerkhäuser wie das Alte Rathaus (1422), die Stadtkirche (1424–1428) und der Alte Zoll. 1802 wurde Geislingen erst bayerisch, dann 1810 württembergisch. Nach Jahren der Stagnation gab es durch den Eisenbahnbau wieder einen Aufschwung, denn die Geislinger Steige wurde von 1847 bis 1850 in den Fels gesprengt. Bedeutende Unternehmen wie Daniel Straubs WMF oder die Maschinenfabrik Geislingen (MAG) hatten daran ihren Anteil. Ein wichtiges Gewerbe war die Elfenbeinschnitzerei, deren Ruf weit über die Stadt hinausreichte.

Vom Rathaus zur Fachwerkpracht

Vom Rathaus in der Hauptstraße gehen wir zuerst auf die andere Seite der Karlstraße.

↑ Auch in der Fußgängerzone findet man prächtige alte Gebäude.
← Das Kornschreiberhaus ist mit Schilf gedeckt.

↑ Die Kirche liegt in einem reizvollen Ensemble am Rande des Zentrums.

↑ Im Alten Bau sitzen heute Museen.
→ Immer wieder stößt man auf Fachwerkhäuser.

Dort finden wir an der Ecke zur Moltkestraße ein Gerberhaus (15. Jh.) mit prächtigem alemannischem Fachwerk und einem belüftbaren Dachstuhl. Wir gehen weiter und erreichen nach der Ledergasse das Kornschreiberhaus. Dieses älteste Haus Geislingens wurde 1397 über einem bereits bestehenden Gewölbekeller eines älteren Hauses errichtet und 1711 an der Giebelwand mit barocken Malereien verziert. Seit 1992 ist es wie früher mit Schilf gedeckt.

Rechts steht der Alte Bau, der 1445 von der Reichsstadt Ulm als achtstöckiger Fruchtkasten mit vorkragenden Fachwerkobergeschossen erbaut wurde, um Getreide zu lagern. Er ist mit kunstvoll gestaltetem alemannischem Fachwerk mit Verblattungen und Mannkonstruktionen geschmückt. Auch die Eckpfosten sind Meisterwerke der Zimmermannskunst. Heute kann man hier das Heimatmuseum und die Städtische Galerie besuchen. Wir gehen dann zurück, halten uns rechts in die Ledergasse und kommen zum ehemaligen Spitalbezirk. Das von Seitz von Nellingen 1351 gestiftete Heilig-Geist-Spital war früher sehr reich und bestimmte das ökonomische Leben der Stadt mit. Es umfasste einst acht Gebäude, heute stehen noch drei davon. Haus Nr. 2 auf der linken Seite besteht unten aus Tuffstein und oben aus Fachwerk. Es war das erste Gebäude des Komplexes und diente als Viehhaus. Dahinter steht das ehemalige Verwaltungsgebäude des Spitals.

Fachwerk und Jugendstil

Am Wilhelmsplatz halten wir uns links in die Karlstraße, dann rechts in die Hauptstraße. Nun können wir uns das zwischen 1913 und 1916 in einer Stilmischung von Jugendstil und Neuer Sachlichkeit erbaute Rathaus genauer ansehen. Es ist mit Arkaden, schönen Skulpturen und Reliefs geschmückt. Anschließend machen wir einen Abstecher nach rechts in den Bereich der

ehemaligen Poststation. Hier in der Langen Gasse finden wir sehenswerte, heute zum Teil verputzte Fachwerkhäuser, darunter die Gebäude Nr. 4, 5, 12 – einst die Thurn- und Taxis'sche Poststation – und 16.

Danach spazieren wir rechts am Rathaus vorbei zum Schlossplatz. Das Schubarthaus hinter dem Rathaus stammt aus dem 15. Jahrhundert. In ihm lebte der Dichter und Komponist Christian Friedrich Daniel Schubart von 1763 bis 1769. Links dahinter sehen wir das 1904 in der MAG Geislingen gebaute Wasserrad. Es diente bis 1962 als Antrieb für ein Transmissionssystem in einer Holzdreherei. Am Ende des Schlossplatzes finden wir das 1380 erstmals genannte Helfensteiner Stadtschloss der Grafen von Helfenstein. Von 1396 bis 1635 war es Sitz der Ulmer Vögte, ab 1810 saßen hier der Eichmeister und der Steuereinzieher.

Zurück zur Hauptstraße orientieren wir uns links und kommen zum 1422 als Kauf- und Rathaus erbauten Alten Rathaus. Wie üblich verkauften hier einst Bäcker und Metzger ihre Waren. Auf dem Eckturm sehen wir ein Glockentürmchen. An seiner Außenseite sind in zwei Reihen 14 Glocken befestigt. Der Forellenbrunnen erinnert an das berühmte Gedicht von Schubart, das von Franz Schubert vertont und als Forellenquintett bekannt wurde. Es ist auf das Glockenspiel des Alten Rathauses abgestimmt. Die Elefantenskulpturen nehmen Bezug auf das Wappentier der Grafen von Helfenstein.

Gegenüber vom Rathaus steht der siebenstöckige Alte Zoll. Er wurde von den Grafen von Helfenstein 1495 an der Stelle eines bereits zuvor bestehenden Zollgebäudes erbaut. Seine repräsentative Schaufassade ist

zusätzlich mit Holzstützen, Schwäbischer-Mann-Konstruktionen und gotischen Kopf- und Fußbändern verziert. Hier wohnten die Zollbeamten, zudem war hier der Fruchtkasten für die Zehnten und Gülten. Das kleine Fachwerktürmchen mit den vorkragenden Geschossen im hinteren Teil diente einst als Fruchtaufzug.

Nun kommen wir zum ehemaligen Hotel Post auf der rechten Seite. Es stammt von etwa 1457 und war eine der ältesten und größten Gaststätten der Stadt. Heute sieht man am Gebäude eine spätklassizistische Fassade aus dem 18. Jahrhundert. Ab etwa 1750 bis ins 19. Jahrhundert war hier eine Poststation untergebracht. Das siebenstöckige Gebäude in der Hauptstraße 35/37 links davon ist ein sehenswertes Bürgerhaus. Es wurde 1453 bis 1456 mit alemannischem Fachwerk erbaut.

Ein weiterer Abstecher führt uns durch die Hansengasse nach links zum Kohn'schen Haus. Es wurde um 1530 erbaut und besitzt prächtiges alemannisches Fachwerk. Der hintere Teil des Gebäudes sitzt auf der Stadtmauer auf. Zurück zur Hauptstraße orientieren wir uns kurz links, dann rechts in die Rosenstraße. Im Schubart-Schulhaus (16. Jh.) unterrichtete der Dichter als dritter Lehrer an der »deutschen Schule« (Volksschule).

Jetzt sind wir am heimeligen Kirchplatz, wo die zwischen 1424 und 1428 aus Tuffstein erbaute dreischiffige evangelische Stadtkirche steht. Ihr Westturm ist 63 Meter hoch. Im Vorraum warten ein schönes Sterngewölbe und zart gearbeitete Strebepfeiler (1467). Sehenswert sind auch die Portale, der Marien- oder Sebastianaltar des Ulmers Daniel Mauch (1520) im Chor, das Chorgestühl von Jörg Syrlin d. J. (1512) und der Levitenstuhl mit dem Reichsadler, dem Geislinger und dem Ulmer Wappen. Die aus dem Barock stammende Sakristeitüre (1683) ist ebenso beeindruckend wie die diversen Epitaphe (ab 1471), die reich mit Ornamenten

↑ Mit seiner roten Farbe ist dieses Fachwerkhaus ein Blickfang gleich zu Beginn der Stadtbesichtigung.
← Die Elefanten nehmen Bezug auf das Wappentier der Grafen von Helfenstein.

geschmückte Kanzel aus der Spätrenaissance (1621) und das von Gottfried von Stockhausen 1975/76 geschaffene Glasfenster. Das Pfarrhaus daneben wurde im 15. Jahrhundert auf eine Ecke der Stadtmauer aufgesetzt und besitzt alemannisches Fachwerk. Bis 1587 lebten hier Franziskanerinnen des 3. Ordens (Beginen). Hier sehen wir auch ein Reiterdenkmal von Kaiser Wilhelm I.

Haus Nr. 2 an der Ecke zur Adlerstraße ist ein zweistöckiges Bürgerhaus mit alemannischem Fachwerk mit Verblattungen und geschnitzten Knaggen (15./16. Jh.). Die unterhalb der Kirche verlaufende Schillerstraße führt uns nach links zum Frühholz'schen Haus (15. Jh.), das ebenfalls mit alemannischem Fachwerk mit Verblattungen geschmückt ist; es ist eines der ältesten Gebäude der Stadt. Danach spazieren wir in der Schillerstraße zur Römerstraße, dort orientieren uns links zum Radplatz. In der Hauptstraße 94 ist links ein giebelständiges Fachwerkhaus mit Mannfiguren aus dem 17. Jahrhundert zu bestaunen, das auf der ehemaligen Stadtmauer aufsitzt. Nun gehen wir nach links weiter, zweigen gleich darauf links ab in die Adlerstraße und spazieren zurück zum Ausgangspunkt.

Lage/Einwohnerzahl Geislingen an der Steige liegt nördlich von Ulm im Filstal und ist über die B10 und die B466 zu erreichen. Es hat 28 300 Einwohner.

Highlights Das Ensemble um Kornschreiberhaus und Altem Bau

Tipp Eine prächtige Aussicht auf die Stadt hat man vom Ostlandkreuz und von der Ruine Helfenstein. Beide Aussichtspunkte sind mit je einer kurzen Wanderung vom Parkplatz aus zu erreichen.

Informationen www.geislingen.de

30 Bad Urach

Einst eine Residenzstadt

Bad Urach ist nicht nur als Wanderhotspot bekannt, sondern besitzt auch einen sehenswerten historischen Stadtkern und einen der schönsten Marktplätze des Landes. Eine Besiedlung auf dem Runden Berg gab es wohl schon in der Alamannenzeit, die Stadt geht aber auf die aus der Würzburger Gegend stammenden Grafen von Urach zurück. Sie entwickelte sich aus einer Burgsiedlung bei einem Wasserschloss. 1260/65 kam Urach an Württemberg und wurde 1316 erstmals als Stadt genannt. Eine Hochphase für die Stadt waren die Jahre zwischen 1441 und 1482 in der Zeit der württembergischen Landesteilung, denn damals war sie die Residenz für die südliche Hälfte des Landes.

Start am Schloss, weiter zur Kirche

Unsere Besichtigung beginnt gegenüber vom Bahnhof in der Bismarckstraße am Schloss. Dieses »Neue Schloss« wurde von Graf Ludwig I. ab 1443 als Residenz für seine Hälfte der Grafschaft Württemberg erbaut. Es wurde in Pestzeiten auch als Zufluchtsort genützt und Herzog Ludwig (1554–1593) hielt bei seiner zweiten Hochzeit hier gar sein »Beilager«. Im Hof steht das Kameralamtsgebäude. In der Dürnitz sieht man ein prächtiges Renaissancerelief des lebensgroß dargestellten Grafen Heinrich von Württemberg-Mömpelgard, der, weil »unberechenbar«, samt seiner Familie ab 1490 im Schloss »verwahrt« wurde. Der prächtigste Raum im Schloss ist der

↑ Das Residenzschloss liegt in einer Parkanlage.
← Blick auf Residenzschloss und Amanduskirche

↑ Die Stiftskirche St. Amandus ist mit einem schönen Netzrippengewölbe geschmückt.

Palmensaal, der mit Wandbildern und dem Wahlspruch Graf Eberhards – »Attempto« (»ich wag's«) – geschmückt ist. Dahinter liegt der Weiße Saal, der von Herzog Karl Eugen im Rokokostil gestaltet wurde. Der Goldene Saal ist einer der schönsten Renaissancesäle Süddeutschlands, hier wurde die Hochzeit von Graf Eberhard V. mit Barbara Gonzaga und später die Hochzeit von Herzog Johann Friedrich mit der Markgräfin Barbara Sophia von Brandenburg gefeiert.

Das Tiergartentor (1603) vor dem Schloss stand zuerst als repräsentatives Tor vor der Weberstadt und später vor dem herzoglichen Tiergarten. Danach sehen wir an der Ecke zur Kirchstraße das Sprandel'sche Haus, eines der schönsten Fachwerkhäuser der Stadt. Es wurde um 1445 als gräfliche Kanzlei und Wohnhaus für Hofbeamte erbaut. 1462 traf sich hier der Württembergische Landtag zu seiner ersten Sitzung.

Die Stiftskirche St. Amandus wurde vermutlich ab 1475 erbaut und gehört zu den herrlichsten spätgotischen Kirchen im Land. Innen ist sie mit einem bunt ausgemalten Netzrippengewölbe mit prächtigen Schlusssteinen versehen. An den Wänden sind Konsolen mit Aposteln, Propheten und Engeln angebracht, eine Figur soll Graf Eberhard im Bart darstellen. Sehenswert sind die reich geschmückte Sandsteinkanzel (etwa 1500) mit einem aufwendigen Schalldeckel (etwa 1630), das schmiedeeiserne Altargitter (17. Jh.) und das barocke Kruzifix auf dem Altar (17. Jh.). Auch den Betstuhl Graf Eberhards V. (1472) sollte man beachten, ebenso wie die Glasmalereien des Straßburgers Peter Hemmel von Andlau (1457) im südlichen Fenster neben der Taufkapelle, den spätgotischen, reich mit plastischem Schmuck verzierten Taufstein (1518), die Reste des geschnitzten Chorgestühls der

WOHNBAR

»Brüder vom gemeinsamen Leben« (1480) sowie die zahlreichen Rittergrabsteine. Wem das noch nicht reicht, der kann zudem die prächtigen Epitaphe und Totenschilde sowie im Turmchor die Grabmale, darunter das des Peter von Koblenz, bestaunen.

Die Klostermühle mit dem großen Mühlrad wurde 1454 erstmals erwähnt. Links neben ihr steht ein 1514/15 erbautes Chorherrenhaus, links von diesem der Mönchshof (1477–1482), in dem sich einst das Stift der »Brüder vom gemeinsamen Leben« befand. Als dieses 1517 aufgehoben wurde, arbeitete hier von 1561 bis 1565 eine Druckerei, in der auch die Werke von Primus Truber, dem Reformator der Slowenen und Begründer der slowenischen Schriftsprache, sowie Werke in kroatischer und italienischer Sprache gedruckt wurden. Herzog Christoph wies den Mönchshof dem Landeshauptmann der Steiermark Hans Ungnad (1493–1564) als Wohnsitz zu. Dieser musste seine Heimat verlassen, als König Ferdinand Protestanten des Landes verwies.

Auf dem Weg zum Marktplatz

Wir spazieren auf der Westseite der Kirche zum Graf-Eberhard-Platz. Hier stehen die mächtige Schlossmühle und das vermutlich unter Graf Eberhard V. um 1480 erbaute Beginenhaus. Nach links bringt uns die Spitalstraße zum Spitalbezirk mit dem 1480 von Eberhard V. gestifteten Spital. Am Ende des Platzes halten wir uns rechts, gehen über den Alten Friedhof und danach etwas hinab bis kurz vor den Bach, wo wir ein altes Wehr sehen. Nach rechts spazieren wir durch den Hof der Gebäude Am Lohgraben 2 bis 6 hindurch bis zur Stuttgarter Straße.

Ihr folgen wir kurz nach rechts und steigen dann auf einer Treppe wieder nach

↑ Detail des prächtigen Marktbrunnens
← Mächtige Fachwerkhäuser am Marktplatz

rechts empor. Hier steht das 1774 im Barockstil erbaute Jägerhaus. Anstatt bis zu diesem weiterzugehen, halten wir uns vor den Häusern am Ende der Treppe kurz links, gehen jedoch gleich durch den Durchgang zwischen den Gebäuden 37 und 39 hindurch. Dort, wo man an der Querstraße danach den Bach wieder sieht, orientieren wir uns links zur Stuttgarter Straße. Hier sehen wir rechts das von 1476 bis 1479 vermutlich als Gästehaus des Hofes erbaute Haus am Gorisbrunnen.

Wir folgen weiter der Stuttgarter Straße bis zur Rathaus-Apotheke. Sie entstand aus zwei Häusern, die miteinander verbunden wurden. Das rechte Gebäude stammt vom Ende des 15. Jahrhunderts, das linke wurde 1679 umfassend umgebaut. Der spätgotische von Peter von Koblenz entworfene Marktbrunnen wurde der Stadt vielleicht von Graf Eberhard V. nach seiner Erhebung zum Herzog 1495 geschenkt. Er ist mit einer 8,4 Meter hohen fünfstöckigen und feingliedrig gearbeiteten Brunnensäule sowie mit Skulpturen von Propheten und Heiligen geschmückt. Das nahebei stehende Haus am Röhrenbrunnen verdankt sein Aussehen den Umbauarbeiten um 1650. Das Erdgeschoss erhielt sein Aussehen im Stil der Neurenaissance im Jahr 1896.

Das etwa 1440 errichtete Rathaus besitzt reiches Schmuckfachwerk. Der um 1300 trapezförmig angelegte Marktplatz ist von prächtigen Fachwerkhäusern aus dem 15. und 16. Jahrhundert umgeben, darunter das um 1450 erbaute Alte Oberamt. Rechts davon befindet sich das ehemalige Hotel zur Post. Durch die Wilhelmstraße kommen wir zum 1725 erbauten Gasthof Fass. Am nun folgenden Wilhelmsplatz kann man nach rechts zum etwa 1450 erbauten Amandus-Jäger-Haus gehen. In dem prächtigen Fachwerkhaus wohnte ab 1640 der herzogliche Leinwandfaktor und -händler Amandus Jäger. Danach gehen wir wieder zurück zum Marktplatz, wo wir an der Südwestecke des Platzes das Fachwerkhaus der 1840 gegründeten und einst größten Brauerei der Stadt bewundern können.

Kein Ende der Fachwerkpracht

Wenn wir der Ulmer Straße nach links folgen, kommen wir an den Gebäuden der Webervorstadt vorbei. Sie wurde auf Befehl von Herzog Friedrich I. zwischen 1599 und 1603 nach Plänen von Heinrich Schickhardt vor der Stadtmauer angelegt. Der Dicke Turm besitzt eine fast einen Meter mächtige Mauer. Nach dem Turm orientieren wir uns links, an der übernächsten Straße rechts und gehen, vorbei an dem Fachwerkhaus Nr. 26, durch die Webervorstadt bis zur Neuen Straße. Hier halten wir uns rechts und an der Eichendorffstraße kurz vor der Ulmer Straße links. Danach biegen wir nach rechts in die Holzstraße ab und gehen zur 1913/14 im Jugendstil aus Kalktuff erbauten Festhalle.

Vor dieser orientieren wir uns links, dann noch einmal links in die Pfählerstraße, der wir bis zu einer kleinen Grünanlage folgen. Links sehen wir den aus Tuffstein erbauten Zeughausturm. Nun biegen wir links

↑ Die Ruine Hohenurach war eine der württembergischen Landesfestungen.
← Prächtiger Ausleger vor einem Geschäft in der Innenstadt

in die Seubertstraße ab und spazieren bis zur Neuen Straße. Hier stand der Gütersteiner Hof, der Ende des 15. Jahrhunderts errichtete Pfleghof der Kartause Güterstein. Wir spazieren nach rechts zurück zum Marktplatz und biegen beim Brunnen links ab in die Kirchstraße. In ihr sehen wir erneut prächtige Fachwerkhäuser. Die Dreier-Gebäudegruppe Pommersches Haus ist nach dem Leinwandhändler Pommer benannt. Das älteste Haus ist das 1571 erstmals erwähnte Eckhaus. Das nächste wurde um 1680 umgebaut, das letzte ist ein Rokokohaus von 1746. In den Häusern saß bis 1793 die »Privilegierte Uracher Leinwandhandlung G. C. Pommer Comp«.

Danach orientieren wir uns links in die Straße Beim Schloss und gehen zum Amtsgericht, das 1902 zusammen mit dem heute als Notariat dienenden ehemaligen Gefängnisgebäude im sogenannten württembergischen Kameralstil erbaut wurde. Nach rechts erreichen wir wieder die Bismarckstraße.

Bad Urach ist auch ein Wanderhotspot

Zwei große Sehenswürdigkeiten finden wir außerhalb der Stadt: den Uracher Wasserfall und die Ruine Hohenurach. Ihre Besichtigung kann man mit einer kurzen Wanderung verbinden. Wer länger wandern will, hält sich an einen der Grafensteige, die alle als Premiumwanderwege zertifiziert sind.

Lage/Einwohnerzahl Bad Urach liegt südlich von Metzingen im Ermstal und ist über die B28 oder B465 zu erreichen. Es hat 12 500 Einwohner.

Highlights Die Fachwerkpracht um den Marktplatz

Tipp Ein Besuch des im zweijährigen Rhythmus stattfindenden Schäferlaufs erinnert an die vielen Schäfer, die es auf der Schwäbischen Alb stets gab.

Informationen www.bad-urach.de

31 Blaubeuren

Vom Blautopf ins Kloster

In den Höhlen um Blaubeuren fand man die ältesten Kunstwerke der Menschheit. Sie sind in der Steinzeit entstanden. Trotzdem ist Blaubeuren natürlich in erster Linie die Stadt des berühmten Blautopfs, der sagenumwobenen Quelle der Blau. In ihrem Zentrum sieht man viele alte Bürger- und Adelshäuser, meist Fachwerkhäuser, die zusammen mit der Klosteranlage ein weitgehend erhaltenes mittelalterliches Stadtbild ergeben. Bescheidenere Häuser berichten von der Geschichte der Weber und Gerber, die ihr Handwerk an der Aach verrichteten.

Um 1080 entstanden die Burgen Hohen-Gerhausen und das Ruckenschloss um die Stadt. Das Kloster wurde 1085 gegründet. Die Klostersiedlung erhielt 1159 das Marktrecht, Blaubeuren im 13. Jahrhundert Stadtrechte. 1447 wurden Stadt und Kloster an Württemberg verkauft.

Durchs Mittelalter zum Blautopf

Wir beginnen unsere Besichtigung bei der Tourismus-Info in der Straße Auf dem Graben. Sie ist im 1625 erbauten Hohen Wil (1625) untergebracht, der als schönstes Fachwerkhaus der Stadt gilt. Schräg gegenüber in der Hirschgasse sieht man eine der vielen Gerbereien, die es früher hier gab. Nun gehen wir südlich des Hauses stadteinwärts, über die Aach und in der Aachgasse links. Wir finden uns in Blaubeurens »Klein-Venedig« wieder, wo die Häuser direkt am Bach liegen. Danach kommen wir zum Kirchplatz.

Der Chor der gotischen Stadtkirche (1343 genannt) stammt von 1497. Auch das Schiff war mit Fresken ausgemalt, die teilweise noch zu sehen sind. Interessant sind auch ein geschnitzter Levitenstuhl (um 1500), ein Flügelaltar aus der Ulmer Schule (15. Jh.), gemalte Gedenktafeln an den Wänden, geschnitzte Wappenschilde und gotische Skulpturen.

Vor der Kirche folgen wir links der Karlstraße zum Heilig-Geist-Spital (1424 gestiftet). Es besitzt zwei gotische Stuben und eine Hauskapelle mit einem Freskenzyklus. An der Ecke zur Weilerstraße befindet sich das Urgeschichtliche Museum. Wir halten uns rechts und biegen gleich nach rechts in die Webergasse ein, in der wir prächtige Fachwerkhäuser finden. Das Kleine Große Haus (1457 erwähnt) war ab 1496 Pfarrhaus, von 1538 bis 1623 wohnten hier Adelige. Das Große Haus wurde 1429 zweistöckig erbaut, 1593 in der Renaissance auf die heutige Höhe aufgestockt und 1615 umgebaut.

Danach kommen wir zum Marktplatz, auf dem rechts das Fachwerkrathaus steht. Seine heutige Gestalt mit den Giebeltürmchen erhielt es 1425. Es diente früher auch als Fruchtkasten und Kaufhaus. Der Brunnen auf dem Marktplatz besitzt einen gusseisernen Wasserkasten. Auf einer Renaissancesäule steht ein Löwe mit dem Stadt- und dem württembergischen Wappen. Gegenüber vom Rathaus steht das ehemalige Zollhaus, das auch bis 1802 als solches genutzt wurde. Wir werfen nun noch einen Blick nach links in die Marktstraße, die mit weiteren schönen Häusern bezaubert, dann folgen wir der Klosterstraße nach

↑ Kleines Türmchen am Rand der Altstadt

← Ehemalige Hammerschmiede am Blautopf

↑ Im Klosterbezirk stehen noch die alten Gebäude.

Norden. Sehenswert ist das 1407 erstmals genannte Fachwerkhaus des Oberamtsgebäudes in der abzweigenden Ritterstraße. Es war erst ein Adelssitz und ab 1679 Sitz des Obervogts. Vorbei am Dekanat (1600) mit seinem gelb bemalten Fachwerk erreichen wir die Blautopfstraße.

Wenn wir uns rechts halten, können wir gleich nach rechts in den Klosterbezirk eintreten, vorher können wir aber noch geradeaus weiter zum Blautopf spazieren. Er ist die Quelle der Blau und mit 21 Metern Tiefe eine der größten und sicherlich schönsten Quellen Deutschlands. Direkt am Wasser steht eine historische Hammerschmiede, die besichtigt werden kann.

Ins Kloster

Nun gehen wir wieder etwas zurück und biegen links ab zum 1085 gegründeten Kloster. Der Bau der Kirche erfolgte unter dem Hofbaumeister Peter von Koblenz. Das Kloster zeigt sich noch in seinem Zustand aus dem 15. Jahrhundert. Wir betreten die große Anlage durch ein fachwerkgeschmücktes Torhaus. Links sehen wir das Bandhaus, die Küferei und die Kellerei. Die in Kreuzform erbaute Klosterkirche besitzt einen 67 Meter hohen Turm, dessen Mauern das Laienschiff vom Mönchschor trennten – eine ungewöhnliche Lösung. Der Chor gehört zu den schönsten der Spätgotik. Sehenswert sind auch der Kreuzgang mit dem Kreuzgarten und der Brunnenkapelle sowie die Sakristei, die mit einem Netzgewölbe mit Schlusssteinen und Pflanzendarstellungen verziert ist. Das wertvollste Kunstwerk ist jedoch der Hochaltar von 1493, eine Gemeinschaftsarbeit von Künstlern der Ulmer Schule. Als Wandelaltar zeigt er je nach Jahreszeit ein anderes Gesicht. Das prächtige Chorgestühl wurde 1493 von Jörg Syrlin d. J. aus Eichenholz geschnitzt.

Das Fachwerkhaus rechts neben dem Eingang ist ein ehemaliges Wirtschaftsgebäude des Klosters. Hinter dem breit gelagerten Klausurgebäude befinden sich unter

↑ Blaubeuren ist von den Höhen der Schwäbischen Alb umgeben.
← Das Kloster sieht noch aus wie im 15. Jahrhundert.

anderem der Kreuzgang und die Klosterkirche. Gegenüber steht die mächtige, ab 1510 erbaute Klosteramtei, die den großen Klosterbesitz verwaltete. Im Gebäude des Konvents findet man den von 1466 bis 1482 erbauten Kreuzgang. In der Brunnenkapelle haben sich die Mönche vor dem Essen gereinigt. Wenn man unter dem Verbindungsgang zwischen Konvent und Ephoratsgebäude hindurchgeht, kommt man zum 1510 erbauten Badhaus der Mönche, das direkt an der Aach liegt. Es ist das einzig erhaltene Mönchsbad in Deutschland und besitzt eine prächtige Freskenhalle, die von Peter Stuv aus Veringenstadt ausgemalt wurde. Kommt man vom Badhaus in den Hof zurück, sieht man links mit Gebäude Nr. 9 das ehemalige Amtsgericht, das 1854 anstelle des Fruchtkastens in Biedermeierformen errichtet wurde. Rechts davon (Nr. 8) steht die ehemalige Klostervogtei, das spätere königliche Kameralamt. Auf dem Brunnen in der Mitte des weiträumigen Platzes ist die Taufe Christi durch Johannes dargestellt.

Links von Gebäude Nr. 8 nehmen wir den schmalen Weg, der uns zu einer Straße bringt, ein paar Meter weiter rechts sehen wir Reste der Stadtmauer. In der Straße Auf dem Graben halten wir uns links zu den Parkplätzen, wo ein Turm steht. Von hier kann man zur Blau und zur Alten Mühle spazieren, ehe man nach rechts zum Ausgangspunkt geht.

Lage/Einwohnerzahl Blaubeuren liegt westlich von Ulm im Blautal. Es ist über die B28 und die B492 zu erreichen. Die Stadt hat 12 400 Einwohner.

Highlights Je nach Vorliebe der Blautopf oder der Altar in der Klosterkirche

Tipp Ein Spaziergang durch die Auwiesen an der Blau oder eine kurze Wanderung zur Ruine Ruckenschloss

Informationen www.blaubeuren.de

32 Haigerloch

Hohenzollernresidenz mit prächtigen Kirchen und Schloss

Das 1095 als »castro Heigerloch« erstmals genannte Haigerloch ist eine der Residenzstädte der Hohenzollern. 1237 erhielt es die Stadtrechte von Rudolf von Habsburg verliehen. Von Österreich kam es 1497 durch Tausch an die Hohenzollern, von denen es Graf Christoph von Hohenzollern-Haigerloch im 16. Jahrhundert zum Mittelpunkt seiner Herrschaft ausbaute. Er ließ auch das Schloss umbauen und die Schlosskirche errichten. Als seine Linie ausstarb, fiel die Stadt 1634 an die Linie Hohenzollern-Sigmaringen. Der aus dieser stammende Fürst Josef Friedrich verlegte 1737 seine Residenz von Sigmaringen nach Haigerloch und ließ die Stadt zu einem barocken Fürstensitz ausbauen. In jener Zeit wurde auch die Wallfahrtskirche St. Anna erbaut. Der neue Glanz hatte jedoch sein Ende, als nach dem Tod Josef Friedrichs die Residenz wieder nach Sigmaringen verlegt wurde. Nachdem Hohenzollern seine Macht an Preußen abgegeben hatte, wurde Haigerloch Oberamtsstadt. Erwähnenswert ist, dass die deutsche Atomforschung zum Ende des Zweiten Weltkriegs hin hier ihren Sitz hatte, woran ein Museum erinnert. Das auch als »Fliederstadt« bekannte Haigerloch besitzt noch zahlreiche sehenswerte Gebäude.

Durch die Stadt hinauf zu Schloss und Kirche

In der Straße Am Mühlengraben befindet sich ein großer Parkplatz. Von dort gehen wir zur Hechinger Straße und folgen ihr

↑ Auf der Höhe stehen das Schloss und die prächtige barocke Schlosskirche.
← Blick auf die alten Häuser der Oberstadt

nach links ins Zentrum. An der Kreuzung steht das 1413 erstmals erwähnte mächtige Schlössle, das vermutlich als Teil der Stadtbefestigung vom damaligen Vogt 1378 erbaut wurde. 1612 kam es an die Hohenzollern, die ein Brauhaus in ihm einrichteten. Seine heutige Gestalt erhielt es beim Wiederaufbau 1670 nach seiner Zerstörung im Dreißigjährigen Krieg. Der Sage nach stammt von hier der Junker, der nach Uhlands Gedicht »Schwäbische Kunde« mit Kaiser Rotbart ins Heilige Land gezogen war und dort den berühmten Schwabenstreich verübt hat.

Die Hechinger Straße bringt uns nach der Noyaler Brücke zum Marktplatz. An der Fassade des Gasthauses Zum Schwanen ist ein Relief mit dem Motiv des Sündenfalls angebracht. Einer seiner Besitzer war der vom Fürsten nach Haigerloch geholte Rokokobildhauer Johann Georg Weckenmann. Der von Christian Großbayer 1774 errichtete St.-Nepomuk-Brunnen steht über einer heute verschütteten Sauerwasserquelle. Auf der anderen Straßenseite liegt im Fels unterhalb der Schlosskirche das Atomkellermuseum. Das Berliner Kaiser-Wilhelm-Institut richtete hier im Bierkeller des Schwanenwirts 1944 eine Versuchsanlage ein, in der deutsche Physiker den letzten Versuch zum Bau einer Atombombe durchführten. Rechts davon steht das Städtische Museum Ölmühle.

Wir folgen vom Marktplatz der Straße Unterstadt nach rechts, dann werden wir nach rechts auf eine Treppe verwiesen, die uns hinauf zu Schlosskirche und Schloss führt. Die ab 1584 von Graf Christoph und nach seinem Tod 1592 von seiner Witwe Katharina erbaute Schlosskirche ist nach der Barockisierung 1784 eines der Barockjuwelen der Stadt, zudem prägt sie mit ihrem Standort auf dem Felsen das Stadtbild. Sie sollte eine würdige Grablege der hiesigen Linie des Hohenzollernhauses bilden. Sie

↑ Im Hof der ausgedehnten Schlossanlage

↑ Der St.-Nepomuk-Brunnen stammt von 1774.
→ Blick von der Oberstadt hinüber zum Schloss

besitzt einen zehn Meter hohen Renaissancehochaltar von Virgilius Moll mit 60 Skulpturen (1609). Interessant ist, dass die Reihe der Seitenaltäre mit einer Farbkombination von Schwarz und Silber beginnt, gefolgt von Rot und lichtem Grau. Die Stuckaturen und die Raumgestaltung stammen von Nikolaus Schütz, einem Mitarbeiter von Dominikus Zimmermann. Das Schloss gleich daneben wurde ab etwa 1200 von den Grafen von Hohenberg errichtet und von 1580 bis 1588 von Graf Christoph von Hohenzollern-Haigerloch in ein Renaissanceschloss umgebaut. Um den malerischen Schlosshof gruppieren sich die Zehntscheuer, die Hofkaplanerei, die Obervogtei mit Marstall, der sogenannte Neue Bau und das Wohngebäude.

Zurück in der Straße Unterstadt gehen wir auf der anderen Seite zur Unterstadtkirche St. Nikolaus (um 1250). Im Jahr 1800 wurde sie innen im Stil der Neugotik umgebaut. Wenn wir der Straße Unterstadt stadtauswärts folgen, stehen bald links zwei schöne Fachwerkhäuser, gleich danach rechts das um 1703 vom Großvater des berühmten Barockbaumeisters Christian Großbayer errichtete und mit Fresken verzierte Großbayerhaus.

Aussichtsturm und Wallfahrtskapelle

Anschließend gehen wir zurück und zweigen nach der Noyaler Brücke in die Straße Steigle ein, die uns steil hinauf zur Oberstadtstraße bringt. Der Römerturm auf der Höhe ist der um 1150 errichtete Bergfried der 1095 erstmals erwähnten Burg Haigerloch. Nach ihm erreichen wir eine herrliche Aussichtsterrasse mit Blick auf die Unterstadt, die Schlosskirche und das Schloss. Besonders zur Zeit der Fliederblüte ist ein Blick von hier ein Erlebnis. Die Wallfahrtskirche St. Anna wurde von 1753 bis 1757 unter Fürst Joseph Friedrich nach Plänen des Barockbaumeisters Tiberius Moosbrugger erbaut. Baumeister war Christian Großbayer unter Mitwirkung des jungen Bildhauers Johann Georg Weckenmann und des Sigmaringer Kunstmalers Meinrad von Ow. Auch der bedeutendste Wessobrunner, Johann Michael Feuchtmayer aus Augsburg, war vermutlich in der Kirche tätig. Am Hochaltar und in den beiden Seitenaltären stehen fast lebensgroße Holzskulpturen von Weckenmann. Die Decke ist reich mit Fresken und Stuckaturen sowie mit Malereien von Meinrad von Ow geschmückt. Der wertvollste Schatz der Kirche ist das fast ein Meter große, in Silber getriebene St. Anna-Reliquiar.

Nun gehen wir zurück, am Römerturm vorbei, und biegen nach diesem in die Pfleghofstraße in Richtung »Synagoge« ein. Wir halten uns an einer platzartigen Erweiterung vor Haus Nr. 5 rechts in die Straße Im Haag und dann an der nächsten Verzweigung links. Nun spazieren wir abwärts, bis wir auf dem Gustav-Spier-Platz rechts die ehemalige Synagoge der seit 1783 in Haigerloch ansässigen Juden sehen. Hinter ihr steht das Haag-Schlössle, das 1296 von Berthold von Welelingen, einem »Diener« des Grafen Albrecht II. von Hohenberg, erbaut wurde. Der Straße im Haag weiter bergab folgend, kommen wir zum jüdischen Friedhof. Danach stoßen wir auf die Straße Am Mühlengraben. Nach links bringt sie uns, entlang der Eyach und mit schönem Blick auf die Muschelkalkfelswände, zurück zum Ausgangspunkt.

Lage/Einwohnerzahl Haigerloch liegt westlich von Hechingen im Eyachtal an der B463. Es hat 10700 Einwohner.

Highlights Die Schlosskirche und die Wallfahrtskirche St. Anna

Tipp Ein besonderes Erlebnis ist ein Besuch Haigerlochs zur Zeit der Fliederblüte. Vor allem der Blick von der Aussichtsterrasse zwischen dem Römerturm und der Kirche St. Anna ist dann grandios.

Informationen www.haigerloch.de

33 Balingen

Stadt der Waagen

Im Jahr 863 wurde ein Dorf »Balginga« urkundlich erwähnt; es gehörte zu der Grafschaft Haigerloch und wechselte später in den Besitz der Grafen von Hohenberg. In der ersten Hälfte des 13. Jahrhunderts kam das Dorf an die Zollerngrafen, von denen Friedrich der Erlauchte dem Ort 1255 die Stadtrechte verlieh. Er ließ dann auf der anderen Seite der Eyach die Stadt neu erbauen und mit doppelter Mauer und zwei Stadttoren befestigen. Sie gehörte zur Herrschaft Schalksburg, die 1403 an Württemberg verkauft wurde. Danach residierte bis 1755 ein Obervogt in der Stadt. Da 1809 ein großer Brand 335 Wohnhäuser zerstörte, stammen die meisten Gebäude aus der Zeit danach. Heute ist Balingen unter anderem für seine Waagen berühmt – zum einen hat ein großer Waagenhersteller hier seinen Sitz, zum anderen gibt es in Balingen ein Waagenmuseum, das seinesgleichen sucht.

Zu den Kirchen

Wir folgen ab dem Bahnhof der Bahnhofstraße nach Süden. Die Heilig-Geist-Kirche (1897–1899) wurde 1998/99 in einer gelungenen Kombination von Moderne und Tradition umgebaut. In ihr befindet sich eine Kopie der Jörg Syrlin d. J. zugeschriebenen Balinger Madonna. Die Betonglasfester stammen von Prof. Birkle aus Salzburg.

Danach gehen wir in der Friedrichstraße weiter nach Süden und kommen zum Marktplatz. Die aus einer Nikolauskapelle hervorgegangene Stadtkirche (1443–1541) besitzt einen 61 Meter hohen achteckigen Turm und eine Sonnenuhr des Mechanikerpfarrers Philipp Matthäus Hahn. Das Holzkruzifix stammt wie verschiedene Epitaphe vielleicht von dem Renaissancebildhauer Simon Schweitzer. Die Gewölbekonsolen im Chor sind mit interessanten Fratzen versehen. Der Altar wurde im 16. Jahrhundert, die mit Reliefs geschmückte Kanzel von Meister Franz von Tübingen 1512 geschaffen.

Nach dem Markt durch die Stadt spazieren

Der Marktbrunnen ist seit 1550 mit der Figur einer »Ulrich« (Herzog Ulrich) genannten Ritterfigur versehen, auf dessen Schild eine Kopie des herzoglich-württembergischen Wappens zu sehen ist. Das Rathaus wurde 1811 im klassizistischen Stil erbaut, nachdem das 1434 erwähnte Vorgängergebäude 1809 dem Stadtbrand zum Opfer gefallen war.

↑ Kunstwerk vor der Stadtkirche
← Blick zum mächtigen Zollernschloss

In der Friedrichstraße 52 steht das Lämmle-Haus (1810), das einen ungewöhnlichen Fassadenschmuck (um 1880) besitzt. In derselben Straße findet man auch die sehenswerten Häuser Nr. 23, 31, 47, 61 und 66, an denen man über den Türen Hauszeichen sieht. Danach halten wir uns rechts in die Schwanenstraße und kommen zu einem Fachwerkhaus, dem 1812/13 errichteten ehemaligen Farrenstall. Wir halten uns vor ihm links, danach kurz rechts und dann wieder links.

Nun überqueren wir die Steinach und kommen zum Gasthaus Sonne, einem mächtigen Fachwerkhaus, das 1792 als Absteigequartier der Fuhrleute erbaut wurde. Nach ihm biegen wir nach rechts in die Ebertstraße ein und spazieren bis zur nächsten Querstraße. Hier sehen wir links das nach dem Stadtbrand erbaute Spital und das Amtsgericht (1824/25). Nun orientieren wir uns links, dann gleich noch einmal in die Wilhelm-Kraut-Straße. In dieser finden wir interessante Gebäude wie beispielsweise Nr. 10 von 1788, Nr. 8 und das prächtig geschmückte Haus Nr. 5 (1832/33). Anschließend gehen wir nach dem Gasthof Lang nach rechts zur Eyach, denn hier bietet sich uns ein prächtiger Blick auf das Zollernschloss.

Nun spazieren wir zurück und halten uns rechts. Gleich danach geht es noch einmal nach rechts und entlang der Mauer und des Fachwerkschlosses auf den Wasserturm von 1483 zu. Er ist der letzte erhaltene Eckturm der Stadtbefestigung. An seiner Ostseite sehen wir ein gotisches Maßwerkfenster. Um 1825 wurde er zu einem Gefängnis umgebaut.

Vor dem Turm nutzen wir einen Durchlass durch die Mauer nach links und kommen zum Zollernschloss. Es entstand im 15. Jahrhundert auf den Grundmauern eines Schlosses aus dem 13. Jahrhundert. Ab 1403 saß hier der württembergische Obervogt, nach der Auflösung der Obervogteien 1752 kam es zusammen mit dem 1649 erbauten Reiterhaus, in dem das Gesinde lebte, in private Hände. Früher war es durch zwei Laubengänge mit dem Schloss verbunden, verfiel aber im Laufe der Zeit. 1920 kaufte es die Stadt, ließ es abreißen und nach altem Vorbild neu erbauen. Die Zehntscheuer aus dem 15. Jahrhundert gleich daneben brannte dreimal ab. An ihr ist das Wappen der Grafen von Württemberg angebracht. Beim Wappen und im Türbogen sieht man die Jahreszahlen des Wiederaufbaus nach den Stadtbränden: 1607 und 1672. Heute residieren hier das Heimatmuseum und die Friedrich-Eckenfelder-Galerie.

Wir folgen erst der Neuen Straße, dann halten wir uns rechts in die Färberstraße. Am Abzweig der Ölbergstraße steht der Neubau des abgebrannten alten Gasthauses Rose. An der Ecke (Ölbergstr. 29) ist eine Nachbildung einer Holzskulptur von Adam und Eva, darüber ein Ritter mit einem Schild mit Bäcker- und Bierbrauerzeichen und den Initialen des Erbauers Caspar Koch zu sehen. Weiter nördlich in der Ölbergstraße stehen mit den Gebäuden Nr. 9 bis 19 die ältesten Häuser der Stadt, die aber ebenfalls nach dem Stadtbrand 1724 entstanden sind. Das Kameralamt, ein Gebäude, in dem Reste der um 1500 erbauten Ölbergkapelle erhalten sind, war mit einer Frauenklause verbunden.

↑ Bei einem Bummel durch die Stadt kommt man auch an diesem schönen Fachwerkhaus vorbei.
← Das Zollernschloss von seiner unbekannteren Seite

Nach ihm gehen wir nach rechts, danach kann man links im Zwinger Reste von Stadtmauer und Wehrgang sehen. Nun spazieren wir geradeaus weiter bis vor die Eyach und folgen ihr nach links. Nach einer kleinen Parkanlage gehen wir nach rechts über den Fluss und kommen zum Hochwasserdenkmal aus Fichtelgebirgsgranit, das an den Tod von 41 Menschen bei der Überschwemmungskatastrophe 1895 erinnert und eine Dankbezeugung an die königliche Regierung und »unzählige Menschenfreunde« enthält. Nach links kommen wir zur Friedhofskirche. Sie stammt aus der Romanik und ist das älteste Baudenkmal der Stadt. Der Turm bis zu den Schallöffnungen wurde im 11. Jahrhundert, Chor und Schiff mit ihren schönen Maßwerkfenstern in der Hochgotik (14. Jh.) errichtet. Sehenswert sind der mächtige Taufstein, die Freskenreste mit einem Christopherus und die alten Grabsteine an der Außenwand. Etwas weiter rechts steht die 1440 erstmals genannte Siechenkapelle.

Vor der Kirche gehen wir nach links durch die Paulinenstraße zur Heilig-Geist-Kirche und von dort nach rechts zurück zum Ausgangspunkt.

Lage/Einwohnerzahl Balingen liegt am westlichen Rand der Westalb und ist über die B14 zu erreichen. Es hat 34 300 Einwohner.

Highlights Das mächtige Zollernschloss beeindruckt schon von außen.

Tipp Das Waagenmuseum im Zollernschloss ist eines der größten Museen seiner Art. Es führt in die Geschichte der Waagen ein und reicht zurück bis zu einer Waage aus der Römerzeit.

Informationen www.balingen.de

34 Rottweil

Älteste Stadt des Landes

Das zwischen Schwäbischer Alb und dem Schwarzwald liegende Rottweil ist die älteste Stadt Baden-Württembergs. Sie besitzt eines der schönsten Stadtbilder des Landes mit mittelalterlichen, bunt bemalten Häusern, reich verzierten Erkern und prächtigen Gasthausschildern. Weithin bekannt ist die schwäbisch-alemannische »Fasnet« mit dem Narrensprung.

Bedeutend für Rottweils Entwicklung waren die Römer, die sich ab 73 n. Chr. hier ansiedelten. Danach entwickelte sich ein alemannischer Herzogshof. Das 1299 erstmals erwähnte Rottweiler Hofgericht zählte im späten Mittelalter zu den bedeutendsten Gerichten im deutschen Königreich, 1496 wurde es als »oberstes Gericht in Teutschland« bezeichnet. Die Stadtgründung erfolgte wohl um 1140 durch den Staufer Konrad III., zur Freien Reichsstadt entwickelte sich Rottweil im 14. Jahrhundert. 1463 trat die Stadt der Schweizer Eidgenossenschaft bei, weshalb das Stadtbild mit den traufständigen Häusern und den Erkern auch an Schweizer Städte erinnert. Im Jahr 1803 kam Rottweil dann an Württemberg.

Vom Münster zum Schwarzen Tor

Wir beginnen den Stadtrundgang am spätromanischen Heilig-Kreuz-Münster (12. Jh.). Es wurde im 15. Jahrhundert gotisiert, im 17. Jahrhundert barockisiert und 1843 von Carl Alexander von Heideloff regotisiert. In ihm sieht man ein Veit Stoß zugeschriebenes überlebensgroßes Kruzifix und weitere

↑ Der Aufstieg zum Hochturm lohnt sich.
← Blick vom Hochturm auf die Stadt

↑ Rottweil ist für seine zahlreichen Erker berühmt.

Kunstschätze wie den Apostelaltar und andere sehenswerte Seitenaltäre sowie das Gnadenbild Marias. Beachten sollte man auch die verschieden gearbeiteten Stuhlwangen – passend zur »Fasnet« sieht man hier beispielsweise die Narrenmutter, die ihr Kind mit Narretei füttert. Interessant ist auch die größte Sammlung von Zunftlaternen in Süddeutschland.

Links befindet sich das Neue Rathaus mit einer Brunnenanlage von Erich Hauser. Südlich des Münsterplatzes sitzt das Stadtarchiv in einem ehemaligen Bürgerhaus, das 1583 zur Lateinschule umgebaut wurde und im oberen Teil mit Fachwerk geschmückt ist. Die Rathausgasse bringt uns zum Alten Rathaus, das 1321 erstmals erwähnt und von 1500 bis 1521 in der Spätgotik zu seiner heutigen Form umgebaut wurde. In ihm befindet sich die einstige Gerichtsstube des Kaiserlichen Hofgerichts mit einem steinernen Baldachin. Links davon steht das Kirsnersche Haus; es besitzt eine reich gegliederte Fassade und ein wuchtiges Portal. Es war schon immer ein vornehmes Gebäude und wurde von adeligen Familien bewohnt.

Nun halten wir uns rechts und gehen hinauf zum Schwarzen Tor, auch Schwarzer Turm genannt. Es führte in den Schwarzwald und stammt in seinem aus Buckelquadern erbauten Unterteil aus der staufischen Zeit um 1230, bis etwa 1600 wurden noch drei Stockwerke aufgesetzt. Hier beginnen am Fastnachtsmontag und -dienstag die Narrensprünge. Links von ihm steht das bereits 1763 so bezeichnete Haus Hübscher Winkel, eines der schönsten Bürgerhäuser der Stadt.

Ein Aussichtsturm, zwei Brunnen und eine Kirche

Vom Schwarzen Turm aus steigen wir den Berg hinauf zum aus Buckelquadern erbauten Hochturm. Den Schlüssel erhält man bei

der Tourist-Information. Er bietet eine grandiose Aussicht über die Stadt und die Umgebung. Danach spazieren wir wieder in der Hauptstraße abwärts. Auf der anderen Seite der Hochbrückstraße steht der um 1540 errichtete Marktbrunnen, rechts davon die von 1733 bis 1777 barockisierte und ausgemalte Kapellenkirche. Sie wurde ab 1320 anstelle einer 1313 nachgewiesenen Wallfahrtskirche erbaut. Interessant ist auch der gotische 70 Meter hohe Turm, der als einer der schönsten gotischen Kirchtürme des Landes gilt.

Etwas weiter kommen wir zum um 1510 errichteten Georgs- oder Grafenbrunnen. Neben ihm steht das Grafenhaus, das 1471 von den Grafen von Sulz erbaut wurde. Dann drehen wir um und gehen zurück, nach dem Marktbrunnen über den Friedrichsplatz auf die Dominikanerkirche zu. Vor ihr sehen wir den 1564 genannten Christopherusbrunnen. Er besitzt eine Renaissancesäule, auf der eine spätgotische Christopherusfigur steht.

In der ab 1268 erbauten hochgotischen Dominikanerkirche (Predigerkirche) fand im November 1643 im Laufe des Dreißigjährigen Krieges während einer Belagerung durch französische Soldaten das »Wunder der Augenwende« an der Marienstatue des Rosenkranzaltars statt. Bei diesem sollen sich am 11. und 21. November 1643, als die Stadt von den französischen Truppen bedrängt wurde, die Augen eines in der Rottweiler Predigerkirche befindlichen Marienbildes bewegt haben. Aufgrund der dadurch einsetzenden Wallfahrten wurde die Kirche 1753 prächtig barockisiert und von Joseph Wannenmacher mit Fresken ausgemalt. Im Dominikanermuseum hinter der Kirche sieht man etwa 180 Holzbildwerke und Tafelmalereien aus der Spätgotik sowie Exponate aus der Römerzeit.

Nach rechts spazieren wir durch die Lorenzgasse zur Lorenzkapelle, die in einem netten Ensemble alter Häuser und einer kleinen Parkanlage steht. Links von ihr erhebt sich der Pulverturm von etwa 1400, der zur alten Stadtbefestigung gehörte. Von hier aus hat man einen prächtigen Blick hinab ins Tal. Nun gehen wir durch die kleine Parkanlage aufwärts, vorbei am Dominikanermuseum zum Kriegsdamm und zurück zum Ausgangspunkt.

Sehenswertes außerhalb des Zentrums

Nördlich der Dominikanerkirche kann man in der Duttenhoferstraße hinab zum Gelände der ehemaligen Pulverfabrik gehen (oder fahren). Für Freunde historischer Fabrikarchitektur gibt es hier viel zu sehen, obwohl die Gebäude mittlerweile eine moderne Nutzung haben. Ein einmaliges Erlebnis ist ein Besuch des TK-Elevator-Testturms, der bereits von Weitem zu sehen ist.

Wer sich für die römische Geschichte interessiert, sollte den 1,4 Kilometer langen Römerpfad begehen. Er beginnt bei der Kirche St. Pelagius und ist mit interessanten Informationstafeln versehen.

Lage/Einwohnerzahl Rottweil liegt an der A81. Es hat 25 200 Einwohner.

Highlights Die Fußgängerzone um den Schwarzen Turm und die Aussicht vom Hochturm etwas oberhalb

Tipp Zwei Dinge sollte man nicht versäumen: die Rottweiler »Fasnet« und einen Besuch des 246 Meter hohen TK-Elevator-Testturms, des weltweit zweithöchsten Testturms für Aufzugsanlagen. Die öffentliche Besucherplattform auf 232 Metern ist die höchste Besucherplattform Deutschlands.

Informationen www.rottweil.de

↑ Industrieromantik im Bereich der ehemaligen Pulverfabrik im Neckartal
← Die Hauptstraße besticht durch die bunten Häuser mit ihren zahlreichen Erkern.

35 Sigmaringen

Mit prächtigem Residenzschloss

Die Gegend war bereits früh besiedelt und man fand Exponate aus der Bronze-, der Hallstatt- und der Römerzeit sowie von den Alamannen. Nach einer lebhaften Geschichte gelangte die Stadt 1535 an die Hohenzollern, die Sigmaringen 1575 zu ihrer Residenz machten. Durch Napoleon erlangten die Fürsten die volle Souveränität, nun wurde die Stadt zu der prächtigen Residenzstadt umgebaut, als die sie sich heute zeigt. Eine interessante Episode gab es gegen Ende des Zweiten Weltkriegs, als sich die Regierung des französischen Vichy-Regimes hierher ins Exil begab.

Durch das bürgerliche Sigmaringen

Von der Donaubrücke, die sich westlich der Eisenbahnbrücke befindet, spazieren wir in der Burgstraße nach Süden bis zur Fürst-Wilhelm-Straße und biegen nach links ab. Der Gasthof zum Bären ist ein 1695 erbautes Fachwerkhaus. Das Gebäude daneben wurde von Fürst Anton Aloys gekauft und 1873 zum Hoftheater umgebaut. Kurz darauf erreichen wir das Fidelishaus aus dem 16. Jahrhundert. In diesem Schopfwalmdachhaus wurde Markus Roy (1577–1622) als Sohn eines Gastwirts und Bürgermeisters

↑ Im Zentrum Sigmaringens lässt sich trefflich die Außengastronomie genießen.
← Blick auf das riesige Schloss der Hohenzollern

geboren. Er wurde 1729 selig- und 1746 heiliggesprochen und ist seither der Patron der hohenzollerischen Lande und der Stadt Sigmaringen.

Nun folgt der Rathausplatz: 1454 wurde das erste, 1826/27 das zweite und zwischen 1925 und 1927 das heutige Rathaus erbaut. Die Skulptur an der Westecke ist ein Ehrenmal für die im Ersten Weltkrieg gefallenen Sigmaringer. Es zeigt den Alamannenedlen Sigmar, der den sagenhaften Gründer der Stadt darstellt. Der Marktbrunnen wurde 1826 im Hüttenwerk Laucherttal geschaffen. Die Brunnenfigur von 1884 stellt den 1623 in den Fürstenstand erhobenen Grafen Johann von Hohenzollern-Sigmaringen dar. Die barocke Hofapotheke wurde 1705 erbaut. Der Gasthof Traube ist ein mächtiger Fachwerkbau und mit einer Heiligenfigur geschmückt, außerdem sind an ihm sowie an zahlreichen anderen Häusern der Innenstadt »Hoflieferanten-Wappen« angebracht.

Hinauf zum Schloss, hinab zur Kirche

Wenn wir nach links gehen, erreichen wir das in vier Bauabschnitten errichtete Schloss. Von der alten Burg stammt noch der Bergfried, danach wurde immer wieder umgebaut. Das heutige Bild der Anlage stammt von dem nach dem Brand 1893 erfolgten romantisierenden Umbau, die Innenausstattung geht vor allem auf die Zeit des Barock und des Rokoko beziehungsweise des Historismus zurück. Bei einer Führung sieht man die ehemaligen, prächtig ausgestatteten Wohnräume und den wohl berühmtesten Raum des Schlosses, die

Waffenhalle mit ihren rund 3000 Hieb-, Stoß- und Schusswaffen, Rüstungen, Helmen und Kleingeschützen aus dem 15. bis 20. Jahrhundert. Sie ist wohl die reichhaltigste Waffensammlung in Deutschland und eine der größten privaten Waffensammlungen Europas. Im Marstall unterhalb des Schlosses, gegenüber der Kirche, sieht man Wagen, Schlitten und Damensänften aus der Zeit ab dem 18. Jahrhundert.

Unterhalb des Schlosses steht die katholische Pfarrkirche St. Johann Evangelist, die aus der 1247 erstmals erwähnten Burgkapelle hervorging. Sehenswert sind die prächtigen Stuckaturen, die Rokokoaltäre mit den Stuckaufbauten von Johann Michael Feuchtmayer, die großen Skulpturen vom Bildhauer Johann Georg Weckenmann aus Haigerloch (um 1760) und die Altar- und Deckengemälde von Meinrad von Ow. Im linken Querschiff steht der Fidelisschrein, der vermutlich von Hermann Vischer oder Peter Vischer d. Ä. geschaffen wurde. Dabei befinden sich auch das Armreliquiar und die Fideliswiege, in der angeblich schon der hl. Fidelis lag.

Guter Eindruck einer kleinen Residenz

Wir gehen zurück zum Rathausplatz, dann nach Osten zur Karlstraße und entlang der renovierten Marstall-Passage nach rechts zum Leopoldsplatz, dem Ständehaus und dem Prinzenbau. Am Leopoldsplatz fanden in den Revolutionsjahren 1848/49 die großen Volksversammlungen statt, ebenso die Huldigung an König Friedrich IV. von Preußen bei seinem ersten Besuch 1851 in seinem neuen Land. Die alten Prachtbauten bieten ein reizvolles Ensemble mit dem Erscheinungsbild einer fürstlichen Residenzstadt des 19. Jahrhunderts. Das von 1846 bis 1848

↑ Blick zum Fidelishaus
← Am Beginn der Fußgängerzone zum Zentrum

↑ Mahnmal mit Statue des Alamannenedlen Sigmar – es erinnert an die Gefallenen des Ersten Weltkriegs.

im Stil des Klassizismus erbaute Ständehaus hat seinen Namen nach dem Ständesaal und seiner früheren Bestimmung als Landtags- und Regierungsgebäude. Der Alte Prinzenbau wurde zwischen 1822 und 1825 errichtet und diente Fürstin Amalie Zephyrine während ihrer Zeit in Sigmaringen als Wohnsitz. Östlich davon liegt der im Stil englischer Gärten angelegte Lange Garten/Prinzengarten, der aus den früheren größeren Parkanlagen der Landesherren hervorging.

Wir halten uns am Leopoldsplatz rechts und spazieren zur Josephinenstraße und zur Antonstraße. Das neoklassizistische Landeshaus besitzt unter dem Giebel zwei riesige bunt bemalte Putten. Gegenüber sehen wir einen Rest der Stadtmauer. Kurz danach kommt man zum Runden Turm, der noch von der ehemaligen Stadtbefestigung übrig ist. Wir gehen in der Antonstraße nach Norden, dann folgen wir der Georg-Zimmerer-Straße nach links zum Alten Schlachthof, der im Stil der Gründerjahre erbaut wurde. Danach spazieren wir zurück zum Ausgangspunkt.

Lage/Einwohnerzahl Sigmaringen liegt im Tal der Oberen Donau an der B313 und der B33. Es hat 17100 Einwohner.

Highlights Die Waffenkammer im Schloss ist eine der größten ihrer Art.

Tipp Einen Besuch im nahen Inzigkofen mit der Klosteranlage und dem romantisch verwilderten Park mit der Teufelsbrücke sollte man nicht versäumen.

Informationen www.sigmaringen.de

Das Unterstadttor mit seiner Uhr ist das älteste erhaltene Stadttor Meersburgs.

Bodensee und Oberschwaben

36 Biberach an der Riß

Alte Reichsstadt mit simultaner Tradition

Biberach wurde 1083 als »Luipoldus de Bibra« erstmals erwähnt. Im Jahr 1190 wurde es durch Friedrich Barbarossa zur Stadt, 1281 zur Freien Reichstadt ernannt. Ab dem 14. Jahrhundert wurde der europaweit begehrte Stoff Biberacher Barchent gefertigt und vertrieben. In der Blütezeit der Stadt ab 1500 wurden heute noch bestehende Gebäude wie die Martinskirche, die beiden Rathäuser und andere erbaut.

1531 wurde Biberach evangelisch, aber bereits 20 Jahre später setzte Kaiser Karl V. den katholischen Stadtadel in wichtige städtische Funktionen ein, danach regierten 200 Katholiken über 3000 evangelische Bürger. Dies endete 1649 nach dem Dreißigjährigen Krieg, als die Stadt sich eine Verfassung gab, nach der ihr Rat je zur Hälfte katholisch und evangelisch und die Ämter – von der Hebamme bis zum Bürgermeister – doppelt besetzt wurden. 1806 kam Biberach dann an Württemberg. Die wirtschaftliche Entwicklung nach dem Zweiten Weltkrieg bescherte der Stadt einen starken Aufschwung.

Vornehme Häuser, Türme und eine Zunftsiedlung

Wir beginnen unseren Rundgang bei der Stadthalle, wo es Parkmöglichkeiten gibt. Von dort führt uns die Theaterstraße zum Holzmarkt. Hier sehen wir links den gotischen Salzstadel. Etwas weiter finden wir das barocke Dinglinger-Haus und das Strölin-Haus, ein vornehmes Patrizierhaus, das Elemente der Renaissance und des

Barock enthält. Rechts steht das Fachwerkhaus Stadteich. Links oben strahlt der 47 Meter hohe Weiße Turm von 1484 herab. Etwas später sehen wir den 39 Meter hohen Gigelturm (vermutlich 14. Jh., Umbau 1788).

Wir halten uns bald darauf links in die Engelgasse und kommen zum Fachwerkensemble Weberberg, eine der letzten mittelalterlichen Zunftsiedlungen Deutschlands, in der die einst für Biberach wichtigen Weber lebten.

Vom prächtigen Marktplatz zur herrlichen Simultankirche

Danach erreichen wir den von vielen sehenswerten Bürgerhäusern umgebenen Marktplatz. Zu den markantesten zählen die Häuser Markplatz 3 und 5 vor der Kirche, beide aus dem 16. Jahrhundert. Das Patrizierhaus Haus zum Kleeblatt links wurde 1454 von dem Baumwoll- und Barchenthändler Martin Weißhaupt errichtet. Ab 1693 befand sich in ihm auch der Versammlungsraum für die evangelischen Patrizier. Auf die Gotik geht das im 18. Jahrhundert umgebaute Haus Nr. 16 zurück. Die Schrannenstraße führt uns nun nach rechts zur Unteren Schranne. Das Haus ist im 16. Jahrhundert als Lager- und Verkaufsraum erbaut worden und diente ab 1824 als Kornlager – Biberach war seinerzeit der größte Getreidehandelsplatz in Württemberg.

Rechts steht das 1503 erbaute arkadengeschmückte Neue Rathaus. Rechts dahinter finden wir in der Waaghausstraße das Alte Rathaus. Der mit alemannischem Fachwerk versehene Bau stammt von 1432. Weiter bringt uns die Straße zum 1258 gegründeten Hospital zum Heiligen Geist. Es wurde nach dem Stadtbrand 1516 neu errichtet. Das 1563 erbaute Komödienhaus diente rund 300 Jahre Metzgern als Schlachthaus. In seinem Obergeschoss fanden Theateraufführungen statt, so konnte man hier 1761 der Uraufführung der deutschen Fassung des Shakespeare-Stückes »Der Sturm« beiwohnen.

↑ Buntes Stilgemisch in der Häuserlandschaft
← Auch Biberach geizt nicht mit Fachwerkreizen.

↑ Die großen Häuser im Zentrum zeugen vom Reichtum der Stadt.
← Der Weiße Turm stammt von 1484.

Wir gehen zurück zum Marktplatz, wo wir uns die Stadtpfarrkirche St. Martin ansehen. Die gotische Basilika stammt aus dem 14. Jahrhundert. Ab 1548 wurde sie als Simultankirche von beiden Konfessionen genutzt. Von 1746 bis 1748 ist sie von Johann Zick barockisiert worden, wobei sie ein monumentales Deckengemälde erhielt. Und obwohl die Räume der beiden Konfessionen, Chor und Schiff, getrennt waren, konnte man sich auf eine gemeinsame Gestaltung einigen.

Weiter durch die Stadt

Östlich der Kirche finden wir in der Ulmer-Tor-Straße das 1365 erstmals genannte Ulmer Tor. Danach spazieren wir zurück zum Marktplatz, wo wir der Consulentengasse nach rechts folgen. Nach der querenden Gymnasiumstraße sehen wir zum ehemaligen Pfleghof des Klosters Ochsenhausen, dem Ochsenhauser Hof. Etwas weiter biegen wir rechts ab in die Zeughausgasse. Gebäude Nr. 4 ist ein ehemaliges Handwerkerhaus (1318). Das Rauchhaus war einst mit Stroh gedeckt, besitzt eine Bohlenstube und ist eines der ältesten Häuser in Süddeutschland. Heute dient es als Webermuseum und als Wieland-Schauraum – der Dichter Christoph Martin Wieland wuchs in Biberach auf. Auch an dem Fachwerkhaus daneben sieht man alte Bauformen. Interessant sind auch die Fenster im Erdgeschoss. Danach gehen wir wieder zum Markplatz und über den Holzmarkt zurück zur Stadthalle.

Lage/Einwohnerzahl Biberach liegt in Oberschwaben südlich von Ulm und westlich vom bayerischen Memmingen. Es ist über die B312 und die B465 zu erreichen. Die Stadt hat 33 300 Einwohner.

Highlights Die Umgebung von Kirche und Rathaus, in der man viele beeindruckende Häuser sieht

Tipp Ein Besuch des zehn Tage dauernden Schützenfests im Juli, eines der größten Heimatfeste Süddeutschlands. Die Stadt ist an diesem Tag im Ausnahmezustand: Rund 1000 Männer, Frauen und Kinder in historischen Kostümen sowie etwa 300 Gespann- und Reitpferde sind beim Umzug dabei.

Informationen www.biberach-riss.de

37 Bad Saulgau

Kurstadt mit prächtigem Fachwerk

Das 819 erstmals erwähnte Saulgau erhielt 1239 das Stadt- und 1288 das Marktrecht. 1299 kam es an die Habsburger und wurde vorderösterreichische Amtsstadt, ehe diese 1805 an Württemberg überging. Seit 1990 ist Bad Saulgau ein »Ort mit Heilquellen- und Kurbetrieb«, seit 2000 trägt es das Prädikat »Bad«.

Oberschwäbische Fachwerkpracht

Am Marktplatz sehen wir prächtige Fachwerkhäuser sowie die Stadtpfarrkirche St. Johannes Baptist (1170). Sie wurde zwischen 1390 und 1402 gotisch erweitert. 1985 erhielt sie eine moderne Ausstattung, unter anderem mit dem Bild »Geißelung« von

↑ Die Stadtpfarrkirche St. Johannes Baptist wurde 1985 modern ausgestattet.
← In der Stadt findet man noch viele Fachwerkhäuser.

Otto Dix. Sehenswert sind eine gotische Muttergottes (um 1510) und ein vielleicht aus der Werkstatt des Michael Hagenauer stammender spätbarocker hl. Joseph.

Die 1763 erneuerte Antoniuskirche ist an das 1646 gegründete Franziskanerkloster angebaut. Sie besitzt eine stuckierte Decke, spätbarocke Wandgemälde, ein spätgotisches Vesperbild und einen Vesperchristus (um 1700). Das 1665 erbaute und 1810 säkularisierte Alte Kloster der Franziskaner besitzt noch einen Kreuzgang. Am Haus am Markt (um 1400) sieht man alemannisches Fachwerk, das Ecklädele wurde um 1581 erbaut.

Aus dem Sießener Haus in der Bogengasse 15, dem ältesten urkundlich belegten Bürgerhaus der Stadt, ging 1251 das Kloster Sießen hervor. 1260 zogen sechs Dominikanerinnen nach Sießen, wo sich heute noch das Kloster befindet.

Der Röhrbrunnen ist mit einem Löwen, dem Saulgauer Stadtwappen, geschmückt. Bei einem Rundgang sieht man weitere schöne Fachwerkhäuser, beispielsweise in der Kreuzgasse. Vor Haus Nr. 2 steht eine Kopie einer Bronzestatue von Maria Theresia von Franz Xaver Messerschmidt (1736–1783), die daran erinnert, dass Saulgau von 1299 bis 1806 österreichisch war. Das Katzentürmle in der Fuchsgasse ist der einzige noch vorhandene Turm der alten Stadtbefestigung und steht auf den Resten der Stadtmauer. In ihm befand sich früher der Karzer. Das Rathaus, der ehemalige Oberamtshof, ging aus einem Franziskanerinnenkloster hervor. Dieses entwickelte sich aus einem um 1390 gegründeten und 1782 durch den reformfreudigen Kaiser Joseph II. aufgelösten Beginenhaus.

↑ Im idyllischen Kurpark
← Bad Saulgau hat echte Fachwerkpracht zu bieten.

Kontraste: Narrenbrunnen, Lügenbrunnen und Amtshaus

Der Gasthof Spitaltor ging aus dem ehemaligen Stadtspital hervor. Vor dem ehemaligen Gasthaus Zum Raben, einem prächtigen Fachwerkhaus, steht der Narrenbrunnen, der an die hier groß gefeierte alemannisch-schwäbische »Fasnet« erinnert.

Das heutige Aussehen des Buchauer Amtshauses in der Pfarrstraße geht auf die Umbauten zwischen 1408 und 1468 zurück. Es besitzt auf der Nordseite einen auffallend hohen Torbogen, mächtige Eckquader an der Westseite und Lauben im Untergeschoss. Beim Luegebrunnen (1986) in der Hauptstraße reden drei Bronzefiguren auf eine vierte ein. Da hierbei nicht immer die Wahrheit gesagt wird, erhielt er seinen Namen Luegebrunnen (Lügenbrunnen).

Das Torwärterhaus ist mit Malereien verziert. Im Mittelalter gab es eine Wallfahrt hierher zur Kreuz- oder Schwedenkapelle (um 1450). Sie besitzt ein romanisches Kreuz (um 1170) und Holzschnitte von HAP Grieshaber.

Lage/Einwohnerzahl Das oberschwäbische Bad Saulgau liegt nördlich von Ravensburg an der B32. Es hat 17 500 Einwohner.

Highlights Die zahlreichen prächtigen Fachwerkhäuser

Tipp Im Kloster Sießen sieht man spätbarocke Fresken der Gebrüder Dominikus und Johann Baptist Zimmermann. Hier wird an Schwester Maria Innocentia Hummel erinnert, deren Bilder Vorlage für die berühmten Hummelfiguren waren.

Informationen www.bad-saulgau.de

38 Überlingen

Früher ein bedeutender Kornmarkt

Überlingen wurde 773 als »Iburinga« erstmals urkundlich erwähnt. Die Innenstadt um das Rathaus und das Münster gehen auf staufische Zeiten zurück – Kaiser Friedrich I. Barbarossa verlieh der Stadt um 1180 das Marktrecht, um 1210/20 erfolgte unter König Friedrich II. die Erhebung zur Stadt, und 1268 wurde Überlingen Reichsstadt. Wichtige Gewerbezweige waren der Weinbau und der Handel mit Getreide, vor allem in die Schweiz – bis ins 19. Jahrhundert gab es in Überlingen einen der größten Kornmärkte in Süddeutschland. Die Stadt und ihr reiches Spital brachten immer mehr Land in ihren Besitz, sodass Überlingen am Ausgang des Mittelalters über ein größeres Territorium als viele andere Reichsstädte verfügte. Während und nach dem Dreißigjährigen Krieg verschlechterten sich die Verhältnisse allerdings, und 1802/03 kam Überlingen an Baden, nachdem es die Reichsstadtwürde verloren hatte.

Vom kirchlichen …

Das von 1350 bis 1562/63 erbaute, gotisch geprägte Münster St. Nikolaus ist eines der großartigsten Bauwerke im Bodenseegebiet. Die Kirche ist eine der größten hier und unter anderem mit großen Sandsteinplastiken (13. Jh.), einem Chorgestühl (um 1430), einem prächtig geschnitzten Hochaltar (Jörg Zürn) und zahlreichen Nebenaltären, einem Sakramentshaus (1611), einem perspektivischen Chorgitter (1754) und einer Steinkanzel (1551) ausgestattet. Südwestlich findet man eine 1493 geschaffene Ölbergkapelle, östlich ein großes Gedächtniskreuz für den ehemaligen Friedhof (1569).

Die ab dem 14. Jahrhundert erbaute katholische Kirche zur Unbefleckten Empfängnis war die Klosterkirche der Franziskaner. Mitte des 18. Jahrhunderts ist sie durch Johann Michael Beer barockisiert worden, wobei an ihrer prächtigen Ausstattung auch Joseph Anton Feuchtmayer beteiligt war. Die Kapelle St. Jodokus (1460) wurde im Rokokostil mit Stuckaturen und Wandmalereien ausgeschmückt. Im Zentrum der Stadt sind mit dem Salmansweiler Hof in der Franziskanerstraße 15–17 (1535), dem Mainauer Hof in der Straße Hofstatt 2, dem Klosterhof von Wald in der Hafenstraße 6 und dem Petershausener Hof in der Hafenstraße 10 noch ehemalige Pfleghöfe von verschiedenen Klöstern, die hier Grundbesitz hatten, erhalten.

Die Sylvesterkapelle in Goldbach wurde im 10./11. Jahrhundert erbaut. Sie gehört zu den ältesten Kapellen im Bodenseeraum und besitzt Reste von Fresken im Stil der Reichenauer Malerschule.

↑ Wappenträger im Zentrum
← Blick zum Münster St. Nikolaus

↑ Am nahen Bodensee kann man viele idyllische Szenen erleben.

... zum bürgerlichen Überlingen

Das repräsentative Rathaus am Münsterplatz wurde im 14./15. Jahrhundert erbaut. Berühmt ist sein Rathaussaal, der von 1490 bis 1494 von Jakob Russ mit einem holzgeschnitzten Arkadenfries mit 41 Statuetten von Vertretern der Stände des Heiligen Römischen Reiches Deutscher Nation geschmückt wurde. Das benachbarte Stadtarchiv (1598/1600) ist ein prächtiges Renaissancebauwerk.

Das Susohaus ist angeblich das Geburtshaus des Mystikers Heinrich Seuse (1295–1366). An der Seepromenade steht das Zeughaus. Es wurde im 16. Jahrhundert erbaut und diente bis ins 19. Jahrhundert als Waffenarsenal.

Das mit einem Walmdach versehene städtische Lager-, Handels- und Kornhaus (Greth) steht am Landungsplatz. Es wurde 1788 von Franz Anton Bagnato im Stil des Klassizismus umgebaut. Im Haus der Reichlin von Meldegg in der Krummebergstraße 30 sitzt heute ein Museum. Es wurde von 1459 bis 1463 von dem Arzt und Humanisten Andreas Reichlin von Meldegg, zeitweise kaiserlicher und päpstlicher Leibarzt, im Renaissancestil erbaut und zwischen 1692 und 1700 barockisiert. Dort befindet sich auch ein historischer Terrassengarten. Das Gebäude in der Krummebergstraße 17 ist das teilweise noch romanische Rosenobelhaus. Sehenswert sind auch das Gasthaus zur Krone in der Münsterstraße 10, das Gasthaus zur Traube in der Wiestorstraße 5 sowie zahlreiche Wohnbauten, beispielsweise in der Krummebergstraße, der Luciengasse und der Aufkircher Straße. Ebenfalls nicht versäumen sollte man die Hofstatt, die Villa Speer in der Bahnhofstraße 19, den neugotischen Ostbahnhof sowie Schloss Burgberg.

↑ Beim Stadtgarten steht noch ein Teil der alten Stadtmauer mitsamt dem mächtigen Gallerturm.
← Ein Spaziergang entlang des Seeufers ist zu jeder Jahreszeit ein schönes Erlebnis.

Ein prächtiger Platz zum Ausruhen nach der Stadtbesichtigung ist der Stadtgarten aus dem 19. Jahrhundert mit seinem alten Baumbestand, Blumenbeeten und Kakteengruppen. Neben der Mainau ist er eine der größten botanischen Sehenswürdigkeiten am Bodensee.

Wehrhaft ummauert

Die Ummauerung besaß einst elf Tore, zu ihnen gehörten die heute noch bestehenden Türme Barfüßerturm, Aufkircher Tor, Badturm, Büttelturm, Wagsauterturm, Gallerturm und St.-Johann-Turm (1522/23). Letzterer wurde 1632 auf 37 Meter aufgestockt. Der mächtige Gallerturm, ein Rundturm, wurde 1502/03 erbaut und überragt den Stadtgarten. 1657 wurde der Rosenobelturm, der nördliche Eckpfeiler der inneren Befestigungslinie der Stadt, zu einem mächtigen Rundturm ausgebaut. Das 1494/95 erbaute Franziskanertor zählt zu den schönsten gotischen Stadttoren im Bodenseeraum.

Lage/Einwohnerzahl Überlingen liegt westlich von Friedrichshafen am Nordufer des Bodensees. Es ist über die B31 zu erreichen. Die Stadt hat 22 500 Einwohner.

Highlights Einen Besuch des Münsters sollte man keinesfalls versäumen.

Tipp Die Kirche im südlich liegenden Birnau ist ein Rokokojuwel sondergleichen. Man kann sie anfahren oder mit einer kurzen Wanderung in Ufernähe erreichen.

Informationen www.ueberlingen.de

39 Radolfzell

Bodenseestadt mit mächtigem Münster

Um 826 wurde Radolfzell als »Cella Ratoldi« vom Bischof von Verona gegründet. Im Jahr 1100 erhielt es das Marktrecht, das Stadtrecht 1267. Gut 30 Jahre später, 1298, wurde es an die Habsburger verkauft. Nachdem die Stadt 1609 Sitz des Ritterkantons Hegau geworden war, kam sie 1806 zuerst an Württemberg und schließlich 1810 im Rahmen eines Tauschs an das Großherzogtum Baden.

Kirchen und kirchliche Gebäude

Der heutige Bau des von 1436 bis etwa 1520 errichteten Münsters geht auf das 9. Jahrhundert zurück. Sehenswert sind viele Altäre, die Hausherrenkapelle, die Deckengemälde, das Chorgestühl (um 1330), das perspektivische Gitter (1699), das Hochgrab (1538), der Ölberg (1530), die Kreuzigungsgruppe (um 1700) und diverse

↑ Hinter dem mächtigen Österreichischen Schlösschen steht das Münster Unserer Lieben Frau.
← Der idyllische Stadtgarten eignet sich gut zum Ausruhen nach einer Stadtbesichtigung.

Grabmäler von Bürgern und Rittern. Im Hl.-Geist-Spital (1344 erwähnt) sitzt heute ein Altenheim. In seiner gotischen Kapelle (16. Jh.) sieht man einen Altar. Bemerkenswert sind die interessanten Kreuzweg stationen (1720/30) und ein Sandsteinrelief von 1615.

Der Baumeister Bagnato erbaute 1740/41 das Pfarrhaus am Marktplatz 7. Die Häuser der Chorherren an der Südseite des Kirchhofs stammen teilweise aus dem Mittelalter. Ein mächtiger Fachwerkbau und das älteste Fachwerkhaus der Stadt ist das alte Amtshaus der Dompropstei Konstanz in der Kaufhausstraße 1. Das neue Amtshaus in der Seestraße 27 wurde im Barock erbaut. Das Amtshaus der Abteien Peterhausen und Stein am Rhein (Alte Forstei) in der Seestraße 67 stammt von 1619.

Von der Ummauerung zur bürgerlichen Stadt

An der Südseite des 1924 im ehemaligen Graben angelegten Stadtgartens steht der Pulverturm, an der Nordseite der Höllturm. In der Schützenstraße im Zentrum findet man den Schützenturm.

↑ Der Hafen bietet romantische Ansichten.
← Der mächtige Höllturm grenzt an den Stadtgarten.

Das Hotel Krone besitzt ein Mansarddach und einen Zwerchgiebel mit geschnitzten Voluten, wobei der Barockgiebel auf der Ostseite wohl am schönsten ist. Das Gasthaus Goldener Engel stammt aus dem Jahr 1537. Das Egloffsche Haus wurde 1608 im Barockstil erbaut und war erst Sitz des Geschlechts Egloff von Zell, später diente es als Korn- und Haberhaus und im 17. Jahrhundert war es Münzschmiede. Das Rathaus wurde 1847/48 im Stil der Neorenaissance errichtet.

Die Burg (Hinter der Burg 3) ist ein mächtiges Steinhaus, das später im Stil des Klassizismus umgebaut wurde. Das Österreichische Schlösschen am Marktplatz 8 wurde von 1618 bis 1621 im Renaissancestil von Erzherzog Leopold erbaut. Es besitzt ein wappengeschmücktes Renaissanceportal und ein Kreuzgratgewölbe. Im Ritterschaftshaus (um 1500) in der Seetorstraße 5 versammelte sich von 1609 bis 1805 die Hegauritterschaft.

Die Untere Hölle in der Höllstraße 17 ist ein Staffelgiebelhaus aus dem 16. Jahrhundert. Das Hohe Haus beziehungsweise der Fürstenberger Torkel (13./14. Jh.) ist das vermutlich älteste Steinhaus der Stadt. An der alten Fruchtschütte, einem Staffelgiebelhaus, ist das Wappen der Fürstenberger angebracht. Es diente zwischen 1602 und 1803 den Fürstenbergern als Torkel.

Das Gebäude in der Poststraße 5 (16. Jh.) ist ein Patrizierhaus und mit einem Renaissanceerker und einem schönen Portal geschmückt. Die Stadtapotheke (1689) in der Seetorstraße 3 besitzt einen prächtigen Erker. Im Grienen Winkel südlich des Stadtgartens wohnten im 18. Jahrhundert Fischer und Bauern.

Lage/Einwohnerzahl Radolfzell liegt westlich von Konstanz am Untersee des Bodensees und ist über die B33 zu erreichen. Es besitzt 31500 Einwohner.

Highlights Das prächtig ausgestattete Münster lohnt einen Besuch.

Tipp Ein Besuch des »Hemdglonkerumzugs« am Vorabend des »Schmutzge Dunschtigs« (Schmutziger Donnerstag) oder der daran anschließenden traditionsreichen schwäbisch-alemannischen »Fasnet«

Informationen www.radolfzell.de

40 Meersburg

Schlösserpracht über dem Bodensee

Das heute noch wuchtige Alte Schloss Meersburg geht vielleicht auf die Merowingerzeit zurück. Später gelangte die Anlage mit der sie umgebenden Siedlung an die Bischöfe von Konstanz, die sie als Lehen an die Grafen von Rohrdorf gaben. Im Jahr 1071 wurde die Stadt erstmals urkundlich erwähnt, 1233 erhielt Meersburg das Marktrecht, 1299 das Stadtrecht.

1509 wurden in der Unterstadt der Getreidespeicher (»Gredhaus«) sowie der Hafen gebaut. Durch den Dreißigjährigen Krieg und die Pest schrumpfte die Meersburger Bevölkerung auf ein Sechstel. Das Alte Schloss war bis 1750, als das zierliche Neue Schloss fertiggestellt wurde, ständiger Wohnsitz des Konstanzer Bischofs. Er war hierhergezogen, als die Reichsstadt Konstanz evangelisch wurde. 1803 gelangte Meersburg an Baden.

Ins prächtige Zentrum

Ein guter Ausgangspunkt für eine Stadtbesichtigung ist die Anlegestelle der Fähre. Von dort spazieren wir durch die Unterstadtstraße oder auf der Seepromenade zum Hafen. Hier sehen wir das rote Grethaus (1505), in dem früher Obst und Gemüse gehandelt wurden. Danach steigen wir auf der Treppe nach links hoch zum Staatlichen Weingut. Dabei bietet sich uns ein herrlicher Blick hinab in die Unterstadt und auf den See. Oben folgen wir erst der Seminarstraße, dann orientieren wir uns links zum Obertor (um 1300). Es gehört zur ehemaligen Ummauerung, genau wie das Vordere Seetor und das Unterstadttor. Letzteres ist das älteste erhaltene Tor der Stadt (um 1250), hier steht auch das Haus Wilder Mann.

↑ Vorbei am mächtigen Rundturm des Alten Schlosses sieht man zu den alten Häusern der Stadt.
← Blick über die Weinberge auf die Unterstadt und den Bodensee

Das Obertor ist eines der Stadttore, die die Stadt einst schützten.

Das Gasthaus zum Bären mit Staffelgiebel und Erker

Aussicht vom Schlossgarten zum Bodensee

Im Zentrum sehen wir ein prächtiges Haus nach dem anderen. Neben dem ab Mitte des 16. Jahrhunderts erbauten und im 18. Jahrhundert barockisierten Staffelgiebelrathaus steht das Falbentor. Das Rodt'sche Palais wurde um 1700 von Fürstbischof Marquard Rudolf von Rodt als Stadtpalais erbaut. Die Hofapotheke sitzt seit 1604 in ihrem heutigen Gebäude. Um 1625 wurde das Hofkanzlerhaus von Bürgermeister Matthias Rassler errichtet. Über der Türe befindet sich das Wappen von ihm und seiner Frau. Im 18. Jahrhundert befand sich hier zeitweise die fürstbischöfliche Hofkanzlei.

Beachten sollte man bei einem Stadtbummel insbesondere die Gasthäuser Zum Löwen, Zum Bären und Zum Wilden Mann. Der Gasthof Zum Bären, die älteste Trinkstube der Stadt, wurde 1456 erstmals genannt. Er dient auch als Versammlungslokal für die auf das späte Mittelalter zurückgehende Bürgervereinigung »Gesellschaft der 101 Bürger«.

Alt und neu: zweifache Schlösserpracht

Das Alte Schloss ist die älteste bewohnte Burg Deutschlands. Im frühen 13. Jahrhundert gehörte es den Konstanzer Bischöfen, und als Konstanz evangelisch geworden war, wurde es ab 1526 vorübergehend bis zur Fertigstellung des Neuen Schlosses ihre Residenz. Bekannt geworden ist das Schloss auch als Wohnsitz der Dichterin Annette von Droste-Hülshoff. Kern der Anlage ist der Dagobertsturm, der Bergfried aus der Stauferzeit. An der Ummauerung befinden sich vier runde Ecktürme. Vom Alten Schloss aus kann man durch ein prächtiges schmiedeeisernes Gartentor in den 1712 angelegten kleinen Schlossgarten gehen, der einen herrlichen Blick auf das Alte Schloss, die Unterstadt und den See bietet. Unterhalb im Zwinger steht in der Steigstraße 17 die aus dem 18. Jahrhundert stammende Schlossmühle. Sie besitzt ein Rad mit einem Durchmesser von fast acht Metern.

Das barocke Neue Schloss wurde ab 1710 erbaut und war rund 50 Jahre lang fürstbischöfliche Residenz. Am Bau wirkten Balthasar Neumann und Franz Anton Bagnato mit. Im Zuge der Säkularisation 1803 gelangte es an das spätere Großherzogtum Baden. Sehenswert im Schloss ist vor allem das herrliche Treppenhaus mit dem riesigen Deckenfresko. 1741/43 wurde die Schlosskirche nach einer Idee von Balthasar Neumann erbaut, an der Ausstattung mit Stuckaturen und Malereien war unter anderem Joseph Anton Feuchtmayer beteiligt. Die evangelische Pfarrkirche, früher die Schlosskapelle, ist mit Stuckmarmor, Fresken und Figuren reich geschmückt. Das Gebäude des ehemaligen Priesterseminars wurde ab 1725 erbaut, wobei an der Seminarkirche auch Bagnato beteiligt war. Man sieht herrliche Deckenfresken und Apostelbilder aus dem Rokoko.

Nach einem Bummel durch die alten Gassen und vielleicht einem Besuch der Schlösser gehen wir wieder hinab in die Unterstadt und nach rechts zurück zum Ausgangspunkt.

Sehenswertes außerhalb des Zentrums

Östlich des Neuen Schlosses liegt das um 1720 erbaute Viertel Sentenhart, das für die fürstbischöflichen Beamten und das Personal errichtet wurde. Ebenfalls außerhalb des historischen Zentrums, oberhalb der Durchgangsstraße in der Stettener Straße 13, steht das im 17. Jahrhundert als zweigeschossiges Weinberghaus von Fürstbischof J. Fugger erbaute Fürstenhäusle. Es wurde 1843 von der Dichterin Droste-Hülshoff gekauft.

Lage/Einwohnerzahl Meersburg liegt am Obersee des Bodensees und ist über die B31 und die B33 zu erreichen. Es hat 6000 Einwohner.

Highlights Eine Besichtigung des Alten Schlosses

Tipp Ein Besuch im etwas nördlich gelegenen Pfahlbaumuseum Unteruhldingen wird auch Kinder begeistern.

Informationen www.meersburg.de

↑ In den alten Gassen von Meersburg lässt sich gut bummeln.

Register

↑ Die Altstadt von Horb zieht sich malerisch am Berg empor.

Im Stadpark von Bad Mergentheim

Idylle in Marbach am Neckar

Impressum

Der Autor
Dieter Buck, 1953 in Stuttgart geboren, schreibt seit vielen Jahren Reise- und Wandertipps für Zeitungen und Magazine und ist leitender Redakteur eines alpinen Magazins. Er hat bisher rund 160 Wander-, Rad- und Reiseführer über seine baden-württembergische Heimat, das Allgäu, Österreich und Südtirol veröffentlicht. Als Wanderexperte wurde er durch Funk und Fernsehen bekannt, 2019 wurde ihm die Verdienstmedaille des Tourismus-Verbandes Baden-Württemberg verliehen.

Verantwortlich: Lea Niesler
Lektorat, Redaktion und Layout: Verlagsbüro Wais & Partner, Stuttgart
Kartografie: Bruckmann Kartografie, Heidi Schmalfuß
Repro: Repro Ludwig Prepress
Herstellung: Bettina Schippel
Printed in Poland by CGS Printing sp.O.o.

★★★★★

Sind Sie mit diesem Titel zufrieden? Dann würden wir uns über Ihre Weiterempfehlung freuen.
Erzählen Sie es im Freundeskreis, berichten Sie Ihrem Buchhändler, oder bewerten Sie bei Onlinekauf. Und wenn Sie Kritik, Korrekturen, Aktualisierungen haben, freuen wir uns über Ihre Nachricht an Bruckmann Verlag, Postfach 40 02 09, D-80702 München oder per E-Mail an lektorat@verlagshaus.de.

Unser komplettes Programm finden Sie unter www.j-berg-verlag.de

Alle Angaben dieses Werkes wurden vom Autor sorgfältig recherchiert und auf den neuesten Stand gebracht sowie vom Verlag geprüft. Für die Richtigkeit der Angaben kann jedoch keine Haftung übernommen werden, weshalb die Nutzung auf eigene Gefahr erfolgt. Insbesondere bei GPS-Daten können Abweichungen nicht ausgeschlossen werden. Sollte dieses Werk Links auf Webseiten Dritter enthalten, so machen wir uns die Inhalte nicht zu eigen und übernehmen für die Inhalte keine Haftung.

In diesem Buch wird aus Gründen der besseren Lesbarkeit das generische Maskulinum verwendet. Weibliche und anderweitige Geschlechteridentitäten werden dabei ausdrücklich mitgemeint, soweit es für die Aussage erforderlich ist.

Empfehlung der Redaktion
Sie sind auf der Suche nach weiterführender Literatur? Dann empfehlen wir Ihnen die Zeitschrift »Schöner Südwesten« oder den Titel »Stadtperlen in Bayern« von Bernhard Irlinger. Hier werden Sie bestimmt fündig.

Bildnachweis: Alle Bilder im Innenteil stammen vom Autor, mit folgenden Ausnahmen: Touristinfo Weikersheim, Christel Nowak (S. 18); Stadt Mosbach, Fotograf: Thomas Kottal (S. 24 l.); Stadt Balingen (S. 154–157); Westend61 GmbH / Alamy Stock Foto (S. 184).
Umschlagvorderseite: Westend61 GmbH / Alamy Stock Foto; Umschlagrückseite: DaLiu/Shutterstock.

Die Deutsche Nationalbibliothek verzeichnet diese Publikation in der Deutschen Nationalbibliografie; detaillierte bibliografische Daten sind im Internet über http://dnb.d-nb.de abrufbar.

ISBN 978-3-86246-910-9